地方高水平大学建设暨安徽师范大学教育部国别和区域研究培育基地
"伏尔加-第聂伯两江流域研究中心"建设项目经费资助出版



# МНОГОПЛАНОВОЕ ИССЛЕДОВАНИЕ РЕГИОНОВ ВОЛГА – ДНЕПР

杨素梅◎主编

# 多元视角下"伏尔加-第聂伯"两江流域研究

安徽师范大学出版社
ANHUI NORMAL UNIVERSITY PRESS
·芜湖·

**图书在版编目(CIP)数据**

多元视角下"伏尔加-第聂伯"两江流域研究 / 杨素梅主编 . —芜湖：安徽师范大学出版社，2021.6

ISBN 978-7-5676-5021-3

I. ①多… II. ①杨… III. ①中俄关系—文集 IV.①D822.351.2-53

中国版本图书馆CIP数据核字(2021)第091002号

DUOYUAN SHIJIAO XIA FUERJIA–DINIEBO LIANGJIANG LIUYU YANJIU

**多元视角下"伏尔加-第聂伯"两江流域研究**

杨素梅◎主编

责任编辑：吴　琼　　　责任校对：刘　翠

装帧设计：丁奕奕　　　责任印制：桑国磊

出版发行：安徽师范大学出版社

芜湖市北京东路1号安徽师范大学赭山校区

网　　址：http://www.ahnupress.com

发 行 部：0553-3883578　5910327　5910310(传真)

印　　刷：江苏凤凰数码印务有限公司

版　　次：2021年6月第1版

印　　次：2021年6月第1次印刷

规　　格：700 mm × 1000 mm　1/16

印　　张：17.25

字　　数：220千字

书　　号：ISBN 978-7-5676-5021-3

定　　价：52.00元

# 安徽师范大学简介

安徽师范大学是安徽建校最早的高等学府。学校坐落在具有“徽风皖韵、千湖之城”美誉的国家级开放城市——芜湖，濒临浩瀚长江，傍依灵秀赭山，集江南自然之神秀、汇安徽人文之灵杰，是安徽省人民政府与教育部共建高校、国家“中西部高校基础能力建设工程”项目建设高校，是安徽省委省政府优先建设的省属重点综合性大学和安徽省特色高水平大学重点建设高校。

学校前身是1928年创建于安庆市的省立安徽大学，1946年更名为国立安徽大学，1949年12月成建制迁至芜湖。后又经历安徽师范学院、合肥师范学院、皖南大学（刘少奇同志题写校名）、安徽工农大学等几个办学阶段。1972年，经国务院批准，正式定名为安徽师范大学（郭沫若同志题写校名）。2005年，芜湖师范专科学校整体并入安徽师范大学。

在90余年的办学历程中，刘文典、周建人、郁达夫、苏雪林、陈望道、朱湘、朱光潜、王星拱、杨亮功、程演生、陶因、张慰慈、丁绪贤、项南、许杰等一大批知名的专家学者、社会贤达先后汇聚在菱湖之畔、镜湖之滨，著书立说，弘文励教。经过一代代师大人潜心耕耘、励志践行、培育后学、薪火相继、言传身教，砥砺出“厚重朴实、至善致远、追求卓越、自强不息”的精神，积淀出“严谨治学、敬业奉献、教书育人、为人师表”的教风，培育出“勤学慎思、质朴谦逊、知行合一、求实求新”的学风，凝炼出“厚德、重教、博学、笃行”的校训。建校以来，累计为国家培养全日制高等专门人才近30万名。

学校现有文学院、马克思主义学院、法学院、经济管理学院、音乐学院、美术学院、历史与社会学院、教育科学学院、外国语学院、体育学院、新闻与传播学院、数学与统计学院、计算机与信息学院、物理与电子信息学院、化学与材料科学学院、地理与旅游学院、生命科学学院、生态与环境学院等18个学院，以及继续教育学院、国际教育学院、教师教育学院，并办有安徽师范大学皖江学院、附中、附小和附幼。

学校学科门类涵盖文学、历史学、哲学、经济学、管理学、法学、教育学、理学、工学、农学、艺术学等，形成了博士—硕士—学士教育等不同层次，全日制高等教育、成人高等教育、留学生教育等不同类型的完整的人才培养体系。现有18个省级重点学科，3个省级学科建设重大项目，入选安徽省高峰学科建设计划6个，安徽省世界一流学科奖补资金项目1个、国内一流学科奖补资金项目3个。现有6个博士后流动站，博士学位授权一级学科8个，博士学位授权二级学科（不含一级学科覆盖）1个，硕士学位授权一级学科30个，硕士专业学位授权点15个，92个本科专业。

学校现有1个教育部省部共建高校人文社会科学重点研究基地，1个教育部重点实验室，1个教育部国别和区域研究备案中心，1个省部共建协同创新中心，1个省部共建省级重点实验室（培育），1个安徽省重点智库，2个安徽省“2011协同创新中心”，5个安徽省高校人文社会科学重点研究基地，5个安徽省重点实验室，5个安徽省高校重点实验室，3个安徽省工程实验室，1个安徽省工程技术研究中心，1个安徽省高校工程技术研究中心，1个安徽省院士工作站，1个安徽省科技创新公共服务平台。现有国家级特色专业9个，国家级专业综合改革试点1个，国家级精品课程8门，国家级精品资源共享课程8门，国家级精品视频公开课2门，国家级在线开放课程1门，国家级教学成果奖3项，国家级教学团队3个，国家级大学生校外实践教育基地2个，国家级实验教学示范中心1个，国家级双语课程1门，国家级规划教材3部，教育部卓越教师培养计划改革项目1项。

学校现有教职工2,560余人，其中专任教师1,670余人，教授、副教授及其他高级职称990余人。拥有文化名家暨“四个一批”人才1人，哲学社会科学领军人才1人，“百千万人才工程”国家级人选3人，教育部“新世纪优秀人才”支持计划6人，国家优秀青年基金获得者2人，省学术与技术带头人39人、省学术与技术带头人后备人选76人，13个省级教学团队，42个省级以上平台（团队），15个省级教学名师，32个省级教坛新秀。各类在籍学生46,100余人，其中，普通本科生23,700余人，研究生5,300余人，留学生250余人，成人教育生16,700余人。

校园占地总面积198.43万平方米，建筑面积95.07万平方米，教学科研仪器设备总值4.65亿元。学校图书馆是全国古籍重点保护单位，藏书丰富，种类齐全，现有纸质图书297.43万册，电子图书212.1万种，电子期刊6.8万种，数字资源104种，古籍善本700余种，其中《洪武正韵》为国内唯一不配不补全本，元刻明递修《通志》、明嘉靖刻本《李太白全集》、《杜工部集》均为海内珍本，馆藏资源基本实现了书目数字化。学校办有安徽师范大学出版社和《安徽师范大学学报》《高校辅导员学刊》《学语文》《安徽师大报》等多种公开发行的学术期刊、报纸。

学校是全国首批获准招收公费留学生的高校之一，也是国家华文教育基地、安徽省汉语国际推广中心。学校先后接收了30多个国家和地区的长短期进修和学历教育留学生5,000余人次，与美国、英国、德国、芬兰、澳大利亚、新西兰、韩国、日本、越南等国家和地区的几十所高等院校、科研机构、学术团体教育机构建立了长期友好合作与学术交流关系，并与澳大利亚查尔斯·达尔文大学共建了孔子学院、在乌克兰扎波罗热国立大学设立了孔子课堂。

学校是教育部高校辅导员培训和研修基地、高校思想政治工作队伍培训研修基地、教育部全国普通高校中华优秀传统文化传承基地、教育部中小学骨干教师国家级培训基地、国家社会工作专业人才培训基地、国家社会体育指导员培训基地、安徽省高校师资培训中心、安徽卓越司法人才培养基地、安徽省专业技术人员培训基地、安徽省教育管理干部培训基地、安徽省高中骨干教师培训基地、安徽省旅游中职骨干教师培训基地。

奋进新时代，勇担新使命。学校正在高举习近平新时代中国特色社会主义思想伟大旗帜，秉承“特色、开放、创新”的办学理念，大力实施“2352”发展计划，改革为先，干字当头，奋力朝着“国内一流、特色鲜明的高水平大学”建设目标加速迈进。

（以上数据截至2020年4月）

# 安徽师范大学外国语学院简介

外国语学院前身为创设于1929年1月的省立安徽大学外语系，朱湘担任首任系主任，是安徽省办学历史最为悠久的外语教学单位。刘静远、叶仲襄、汪开模、陈亚青、方重、昂觉民、郑敂愚、戴镏龄、巫宁坤、张春江、章振邦、王桂荣（力冈）、顾曰国等一批著名学者曾在本单位工作，形成了深厚的外语教育教学底蕴和优良文化传统。90余年的办学历程中，学院培养出数以万计的外语专门人才和跨领域杰出人才，安徽70%以上中学英语骨干教师均来自我院，成为安徽省外语教育的“母机”和外语师范教育的龙头。校友中涌现出一批国内高校学术和管理骨干，如刘文飞、张民选、张杰、吴笛、周启超、王东风、许家金、尚必武、汪小玲等。外交领域也活跃我院毕业生，如现任中国常驻联合国第一副代表戴兵，外交部北美大洋洲司副司长姚文，联合国高级翻译陶红峰等。在国内外政治、文化、法律、新闻、企业等其他领域也有一大批我院校友，学院办学的影响力、社会贡献力不断得以彰显。

学院现在职专任教师149人，其中教授9人，副教授28人，博士生导师4人，硕士生导师28人，博士（含在读）46人，特聘教授4人。学院下设英语系、俄语系、日语系、法语系、葡萄牙语系以及大学外语教学部，拥有教育部国别与区域研究备案中心“伏尔加-第聂伯两江流域研究中心”、中国逻辑学会符号学专业委员会授予的中国符号学基地联盟（CSA）常务理事单位及比较符号学研究中心、外国语言文学研究所、维多利亚研究中心等。学院为中国先秦史学会国学双语研究会副会长单位、中国高校外语学科发展联盟理事单位、中国英汉语比较研究会理事单位、安徽省外国语言文学学会副会长单位、安徽省翻译协会副会长单位以及安徽省翻译教学指导委员会主任单位。学院现有中外语言文化比较二级学科博士学位授权点，外国语言文学一级学科硕士学位授权点，下设英语语言文学、俄语语言文学、翻译学、外国语言学及应用语言学以及比较文学与跨文化研究5个二级硕士学位授权点，以及学科教学（英语）、翻译硕士两个专业学位授权点。外语学科2019年软科排名位列全国前31%。学院拥有3个省级教学团队，2位省教坛新秀，1位“安徽省五一劳动奖章”获得者，先后获安徽省教学成果一等奖和三等奖各1项。英语（师范）专业为国家级特色专业和省级一流专业建设点，“大学英语”为省级精品课程，英语专业与俄语专业为校级重点学科，英美文学研究团队为校优秀创新团队。

学院现有全日制普通本科生1,000余名，硕士研究生200余名，同时还承担全校10,000多名全日制普通本科生、1,000多名硕（博）士研究生的公共英语教学任务。学院常年聘请来自英国、美国、俄罗斯、日本、法国等国的外籍教师，实行常态化国际师生互访。英语专业与美国诺克斯学院、萨姆福特大学、印弟安那波利斯大学建立交流合作关系，其中和布莱诺大学建立“2+2”联合培养模式，俄语专业与俄罗斯彼得罗扎沃茨克国立大学建立“3+1”联合培养模式，法语专业与法国格勒-诺布尔大学建立“2+2”联合培养模式。

学院秉承“融贯古今，会通中外”院训，恪守“教学立院，科研强院，特色兴院”办学思路，坚持科学发展，确立全人育人理念。坚持多元发展，守正师范特色。坚持内涵发展，落实“三全育人”，制定并落实课程思政实施办法，全面推进课程思政，持续打造“金课”。坚持创新发展，推动教育教学改革，培育数字人文教学等团队。学院建有思创园，下设的“花津悦读”“朱湘论坛”“模拟联合国”“莎士比亚艺术节”“绅士淑女训练营”等项目已制度化、规范化、品牌化。2019年“高校—中学协同创新英语口语教学实践”特色成果在中国教育创新博览会参展，创新创业获得省级一等教学成果奖。近三年，学生获得各种省部级以上奖励近300项，英语师范生连续囊括师范生技能大赛省赛一等奖。学院2020年本科毕业生考研录取率近35%，其中被知名高校录取者占75%以上，本科生和研究生就业率在全校名列前茅。坚持开放发展，提升协同培养能力，建有外语教育研究与评估服务中心，对接基础教育教学合作发展。

外国语学院坐落在花津校区，拥有独立的教学和办公一体化大楼，总建筑面积约1.37万平方米。学院各种类型的教学、科研、办公和活动用房齐备，教学科研仪器设备价值700多万元。建有48座云网络智慧教室4套，全数字语音实验室2套，48座专业级数字化口译实验室1套，48座使用Trados计算机辅助翻译软件笔译实验室1套，50座计算机机房1套，240人多功能报告厅1座，建成iTest等实践和智能平台，多媒体教室和网络连接实现学院全覆盖。设有调频广播控制中心，其播音范围覆盖赭山和花津两个校区。

“外国语学院校友爱心接力助学基金”是由我院历届校友和社会各界爱心人士捐资设立，旨在以人为本，倡导在教育面前人人机会均等，体现对贫困学生的人文关怀，已有800多名同学获得该基金近100万元的爱心资助。

学院已全面完成“‘十三五’事业发展规划”各项任务，正以昂扬的姿态迈向“十四五”，为党育人，为国育才，为安徽崛起以及中华民族伟大复兴砥砺前行，争取更大成绩。

（以上数据截至2020年11月）

# 伏尔加-第聂伯两江流域研究中心简介

安徽师范大学“伏尔加-第聂伯两江流域研究中心”于2017年获批教育部国别和区域研究备案中心，并于2020年通过教育部考核，成为教育部国别和区域研究培育基地“伏尔加-第聂伯两江流域研究中心”。现隶属于安徽师范大学外国语学院。根据教育部对中心的定位要求，本中心以学科建设和人才培养为依托，开拓国别和区域研究人才培养新渠道，培养复合型高端人才；以咨询服务为宗旨，打造高端智库型学术平台；全面服务中国与“两江流域”地区和国家合作以及国家“一带一路”建设，努力形成人才培养、科学研究、资政咨询服务三位一体有特色的国别和区域研究中心。

本中心研究对象区域和国别为伏尔加-第聂伯两江流域内俄罗斯（主要指欧洲部分）、白俄罗斯和乌克兰3国。中心目前的研究重点涉及该区域的国际关系、历史、哲学、俄罗斯语言与文学、法律、教育、汉语、汉语言文化、艺术、经济、体育、旅游、民族等学科领域。

中心在整合本校学术资源的同时，已引进9名（含柔性引进）校外专家，中心现有专职研究人员15名，兼职研究人员26名，专职秘书1名。中心人员主要来自安徽师范大学10个学院及国内外其他高等学府。专职研究人员中有教授3名，副教授4名，讲师4名，助教3名，其他工作人员1名，均有博士学位，其中，2名研究人员获俄罗斯著名高校博士学位。中心成员主持过数十项国家级、省部级科研项目，近两年主持在研国家级项目3项，省部级8项，厅级项目6项，中心成员均熟练掌握俄语。

中心积极开展与国内外高等院校及科研机构合作。2015年，我校与俄罗斯的彼得罗扎沃茨克大学实施联合培养本科生合作项目，多名中俄合作班学生在双方合作学校学习；2017年我校与乌克兰扎波罗热国立大学合作共建的“孔子课堂”获国家汉办批准，目前中方院长由我中心的研究员吴世红担任。此外，两江中心还与俄罗斯的米宁大学建立紧密联系，师生互访活动频繁。

本中心项目经费主要来源于教育部和安徽师范大学财政专项拨款。目前，中心办公所需的硬件和软件建设工作已基本完成。本中心各项工作启动运行以来，已经举办中心专题学术国际研讨会3次，安徽省内相关职能部门工作协调会2次，邀请相关领域国内外知名学者来中心讲学20余次，完成高质量咨询报告5篇。本中心专职研究员参加国内外国际学术研讨会多次，并与安徽省外事办等机构共同实施合作项目若干项。

（以上数据截至2020年11月）

# 前 言

为顺应世界多极化、经济全球化、文化多样化、社会信息化的新潮流，我国提出共建“一带一路”倡议，得到国际社会广泛支持。秉持开放的区域合作精神，我们与“一带一路”沿线各国共同致力于建设和维护全球自由贸易新体系和世界新经济体系。自2013年以来，我国在共商、共建、共享原则的基础上积极发展与沿线国家的经济合作伙伴关系，共同打造政治互信、经济融合、文化包容的利益共同体、命运共同体和责任共同体，积极传播“人类命运共同体”理念。为了适应新时期发展的需要，我国高等院校作为高级人才培养基地在教育部的引领下不断改进人才培养模式，建立新人才培养平台，安徽师范大学“伏尔加-第聂伯两江流域研究中心”即是其一。

为积极响应中俄两国元首提出的关于“2018年至2019年举办中俄地方合作交流年活动”倡议，促进中俄国别研究，加强本中心与国内相关机构学术交流，安徽师范大学“伏尔加-第聂伯两江流域研究中心”于2018年6月在安徽师范大学花津校区举办本中心第一届主题为“新时代中俄全面战略协作伙伴关系”学术研讨会。会议主要议题有：新时代中俄人文与经贸关系，新时代中俄文化交流，新时代中俄地方合作等。本次会议诚邀中俄国别研究专家和从事中俄合作工作的专家参会。与会者就所在国家，即俄罗斯、乌克兰、白俄罗斯相关问题，特别是关系三国与中国的热点问题积极探讨，并提交“两江流域”研究的高质量论文。本论文集是在本次研讨会所提交论文的基础上择优结集而成。

外交促进经济合作之发展，历史文化凝结民族之精髓。本论文集以此为理念及思路选编多篇文章，将其分为两部分：上篇为经济与合作发展，下篇为历史与民族文化。上篇以著名外交大使周晓沛的《新时代中俄战略关系述略》为开篇。该文在回顾中俄两国关系历程的基础上指出，两国关系进入“黄金时期”，中俄战略协作伙伴关系前景光明，立足于“世代友好，永保和平”的中俄两大邻国关系发展前景广阔。上篇还安排了有关“一带一路”倡议下对中俄、中白等国之间经济合作与共同发展问题予以探讨的文章，以及论述俄罗斯经济发展的相关文章。下篇以杨素梅《中俄关系史上的哥萨克人》为首篇。该文梳理了400多年中俄关系历史发展中哥萨克人的功能。伏尔加-第聂伯两江流域地区里的俄罗斯族或是乌克兰、白俄罗斯族等民族都具有千年的历史，在其历史中他们建立了独特的社会结构，积淀了丰富的民族文化。下篇编排了有关俄罗斯和乌克兰的社会、文化、文学研究方面的文章。因出版延后等因素，论文集所收录部分论文已在国内外期刊公开发表，但收入本书时有所修改。

本论文集充分体现“伏尔加-第聂伯两江流域研究中心”建设的

目的和定位。本中心以学科建设和人才培养为依托，开拓国别和区域研究人才培养新渠道，培养复合型高端人才，以咨询服务为宗旨，打造高端智库学术平台，全面服务中国与“两江流域”地区和国家的合作以及“一带一路”建设，努力形成人才培养、科学研究、资政咨询服务三位一体有特色的国别和区域研究中心。本论文集作者多数为国内外知名专家、学者。本研究成果以多元视角研究和探讨国内外相关领域焦点或前沿问题，不失为一部跨学科研究成果，可为中国与俄罗斯、乌克兰、白俄罗斯三国在经济、社会与文化交往等方面提供参考。

本书的出版，得到了安徽师范大学宣传部、安徽师范大学外国语学院和出版社的大力支持，在此一并表示感谢。

**杨素梅**

**2021年3月6日**

# 目录

## 上篇



## 下篇

# 上篇

# 新时代中俄战略关系述略

◇周晓沛

**内容提要：**中俄全面战略协作伙伴关系取得前所未有的大发展。中俄关系先后实现四次过渡：中苏关系到中俄关系的转换；普京接替叶利钦出任总统，双方重申，中俄建立平等信任、面向二十一世纪的战略协作伙伴关系；梅德韦杰夫接替普京出任俄罗斯总统，中俄共同推动中俄战略协作伙伴关系更好更快地向前发展；2012年普京复任总统，两国关系进入“黄金时期”。新时代中俄关系是“背靠背”式的战略合作。中俄“背靠背”战略协作伙伴关系前景光明，立足于“世代友好，永保和平”的中俄两大邻国关系发展前景广阔。

**关键词：**中俄关系　“背靠背”　战略伙伴

近几年来，中俄全面战略协作伙伴关系取得前所未有的大发展。新时代中俄关系超越一般的伙伴关系，是“新型国际关系的典范”，中俄已成为世界上“真正信赖的战略伙伴”。中俄都对双方关系一直保持高水平运行感到满意，十分珍惜这来之不易的“背靠背”战略合作。什么叫“背靠背”？一般意义上是指在战场上，两个人把

周晓沛，浙江乐清人。1969年毕业于北京大学俄罗斯语言文学系，1971年到北京外国语学院俄语系进修，1973年起在外交部工作。曾任外交部苏联东欧司苏联处处长、东欧中亚司司长，中国驻俄罗斯使

馆公使，驻乌克兰、波兰、哈萨克斯坦特命全权大使。现任外交部外交政策咨询委员会委员，中俄友好、和平与发展委员会老朋友理事会主席，外交笔会副会长，外交学院兼职教授。著有《中苏中俄关系亲历记》《大使札记外交官是怎样炼成的》《别样风雨情缘》，主编《我们和你们：中国和俄罗斯的故事》《我们和你们：中国和哈萨克斯坦的故事》等书。

自己没有防备的身后交付对方，不用担心敌人从背后袭来。也就是说，在战略上，中俄互为对方的强大后盾。

中俄之间为什么要建立全面战略协作伙伴关系？战略协作究竟包括哪些内涵？发展前景到底如何？要搞清这些问题，不能不回顾两国关系的演变历史及发展轨迹。

迄今，中俄关系远远短于中苏关系。俗话说，“三十年河东，三十年河西”。中苏关系从20世纪50年代起，十年友好结盟，十年关系恶化，十年对立为敌，十年缓和改善。完全可以说，中苏两大邻国关系充满了世界史上最为错综复杂和跌宕起伏的戏剧性变化。有一个20世纪赞颂中苏友谊的歌词作者命运沉浮的真实故事，在某种意义上也是两国关系的一个缩影。《莫斯科-北京》创作于1949年12月，正值中苏两国关系处于高潮时期，毛泽东到莫斯科访问的消息引起苏联举国轰动。在这种激情的感染下，一位名叫米·维尔什宁的被流放西伯利亚的诗人，写下了“苏中人民永远是兄弟”的不朽名句。据说，斯大林很喜欢这首歌。毛泽东第一次听到这首歌时已乘火车返回北京，他想亲自见一下歌词作者，而那时的维尔什宁因遭人诬告还是苏维埃政权的“异己分子”。在斯大林的亲自过问下，苏联军事法庭很快撤销了对其所有指控，并将其安排到苏中友协工作。从此，维尔什宁的命运发生了剧变，从一名普通作家迅速高升至苏联外交部部长助理。然而，随着中苏关系恶化，《莫斯科－北京》这首歌曲渐渐被人淡忘，维尔什宁个人处境也越来越艰难，再次沦为一名普通的诗人。更倒霉的是，他的诗作再也没有人敢发表了。在80年代初的一个寒冬里，穷困潦倒的维尔什宁死在野外雪地上……这位在政治风云中大起大落的苏联诗人，哪里知道两国关系的“寒冬”过后会再度“回暖”。

20世纪80年代，中苏双方都调整政策，两国敌对关系逐渐缓和、改善。1978年中共十一届三中全会以后，随着工作重心转移、国内政策调整及国际形势变化，中央着手调整“一条线”国际战略，拉开与美国的距离，放弃“以苏划线”，改善了紧张的中苏关系。

1982年苏联领导人勃列日涅夫的塔什干讲话，客观上为我方调整对苏政策提供了契机。在勃列日涅夫讲话后的第二天，外交部立即做出正面反应。邓小平同志指示，要采取一个大的行动，向苏联传递信息，双方应当坐下来平心静气地讨论，通过共同努力设法排除发展两国关系的严重障碍，争取中苏关系有一个大的改善。苏方也表示，愿在任何时间、任何地点、任何级别上同中方讨论双边关系的问题，以便“消除关系正常化的障碍”。于是，中苏双方开始进行两国关系正常化的政治磋商。一谈就是六年，双方针锋相对，谁也说服不了谁。不过，与昔日中苏边界谈判有所不同，双方都心平气和，并未红脸吵架，最终达成了一致。1989年，戈尔巴乔夫应邀访华，与邓小平举行高级会晤，宣布“结束过去，开辟未来”，中苏关系从此实现正常化。

40年的风风雨雨使我们双方都蒙受了沉重损失，也都汲取了深刻教训，获得了处理国际关系的智慧。无论是结盟还是对抗，都是不成功的，中苏、中俄关系还是要以和平共处五项原则为基础，结伴而不结盟。这样，两国之间就建立起了不同于20世纪50年代的那种结盟关系，更不同于六七十年代的那种敌对关系，而是不结盟、不对抗、不针对第三国、相互睦邻友好的正常国家关系。

中苏关系正常化后不久，东欧剧变，两极格局崩塌，国际形势和两国国内情况都发生了巨大变化。邓小平同志指示：“不管苏联怎么变化，我们都要同它在和平共处五项原则的基础上从容地发展关系，包括政治关系，不搞意识形态的争论。”为什么？1989年高级会晤时邓小平就讲过，关于意识形态的那些争论，“经过二十多年的实践，回过头来看，双方都讲了许多空话。马克思去世以后一百多年，究竟发生了什么变化，在变化的条件下，如何认识和发展马克思主义，没有搞清楚”。这个方针很重要，总结了历史上的经验教训。在双方共同努力下，中苏高级会晤确定的两国关系基本原则不仅经受住考验，而且成为建立新型中俄关系的基石。

中俄关系先后实现了四次过渡。第一次是中苏关系到中俄关系的转换。1991年12月25日，戈尔巴乔夫宣布苏联解体当天，我国政府代表团即飞抵莫斯科访问。双方商谈签署了会谈纪要，我方支持俄罗斯继承苏联在联合国安理会的席位，俄方承诺原中苏之间签订的条约继续有效，重申支持中国在台湾问题上的立场，确认将驻苏联大使改为驻俄罗斯大使，顺利解决了中俄关系的继承问题，实现了两国关系的历史性平稳过渡。

从1992年俄罗斯总统首次访华开始，中俄两国领导人建立了定期互访机制。通过直接接触，增加相互了解，消除彼此隔阂。从中俄双方重新承认“相互视为友好国家”，到确认两国已具有“新型的建设性伙伴关系”，直至宣布发展“战略协作伙伴关系”，短短四年内，两国关系接连上了三个重要台阶。顺便提一下，建立中俄战略协作伙伴关系是叶利钦总统首先提出来的，这也是我国第一次同意与外国建立这种战略关系。中俄战略协作伙伴关系不是回到50年代那种结盟关系，而是新形势下的一种新型的战略性国家关系，是具有长远生命力的正常国家关系。它不仅有完全平等、政治互信的重要前提，更有传统友好、互利合作的扎实根基。所谓“战略协作”，其实质就是在双方关切的重大核心问题上相互支持、相互配合，共同应对挑战，维护地区和世界的和平与稳定。

第二次过渡是普京接替叶利钦出任总统，双方重申，中俄建立平等信任、面向21世纪的战略协作伙伴关系符合两国人民的根本利益。两国领导人签署了为期20年的《中俄睦邻友好合作条约》，把“世代友好，永不为敌”的思想以法律形式固定下来，并彻底解决了历史遗留下来的两国边界问题，消除了两国关系中的一大隐患。

第三次过渡是梅德韦杰夫接替普京出任俄罗斯总统仅半个月后，就到中国进行重要访问，双方共同推动中俄战略协作伙伴关系更好更快地向前发展。双方强调，在涉及对方核心利益问题上相互支持是中俄战略协作伙伴关系的核心内容，加强能源合作是中俄战略协作伙伴关系的重要组成部分，同时扩大和深化人文领域合作对巩固中俄战略协作伙伴关系具有重大意义。在双方的共同努力下，在能源等领域的务实合作取得了重大突破。

2012年普京复任总统后不久即正式首访中国，也预示两国关系顺利实现了第四次过渡，有人形容进入“黄金时期”。一向重视发展对华关系的普京重返克里姆林宫，这将有利于中俄关系的长期稳定发展。普京在竞选纲领中谈及中俄关系时指出，中国经济增长决不是威胁，而是俄经济之帆赶上“中国风”的良机。这是俄领导人首次对“中国威胁论”的明确表态。普京认为“中国是俄罗斯真正的全面战略协作伙伴”，公开表示“俄罗斯只要与中国站在一起，就能战胜面临的政治、经济困难”，并称“我们彼此视对方为亲密盟友”。习近平就任国家主席后首次出访选择俄罗斯也并非偶然，再次体现了中俄关系的特殊性和高水平。

近30年来，在国际风云诡异变幻中，中俄战略协作伙伴关系取得了前所未有的大发展。双方都对两国关系一直保持高水平运行感到满意，普京则把俄中关系比喻为“一座大厦”，每年都在建筑新的楼层，而且“越建越高，越建越牢”。

2015年5月，习近平主席和普京总统在莫斯科签署《中俄关于丝绸之路经济带建设和欧亚经济联盟建设对接合作的联合声明》。俄方确认，支持丝绸之路经济带建设，愿与中方密切合作，并将其与俄方主导的欧亚经济联盟建设对接。这是双方首次以书面形式确认将发展战略进行对接，为推动欧亚地区各国参与“一带一路”建设、进一步扩大深化中国与地区国家经济合作带来重要机遇。这也是第一个由中外元首共同签署的关于丝绸之路经济带建设的合作文件，宣示了中俄共同携手推动整个欧亚大陆发展、繁荣与合作的决心，凸显了中俄关系的特殊性。为落实两国元首共识，双方外交部牵头组建对接合作协调机制工作组，磋商确定了交通走廊建设、投资合作、贸易便利化等对接合作重点领域。

2016年6月普京总统访华期间，双方隆重庆祝中俄睦邻友好合作条约签署15周年和建立战略协作伙伴关系20周年，两国元首签署并发表共同维护全球战略平衡等重要联合声明，还签署近30个务实合作协议。这充分展示了两国深化全面战略协作伙伴关系的坚定决心和积极推动两国发展战略的有效对接，全面体现了双方对重大国际和地区问题的相同立场，发出了中俄共同维护全球战略安全、世界和平稳定的一致声音。

2017年5月，普京总统应邀出席“一带一路”国际合作高峰论坛。习近平主席会见普京时指出，中俄两国是好邻居、好朋友、好伙伴。面对复杂多变的国际形势，中俄两国发挥了大国担当，致力于推动有关热点问题政治解决进程，对维护地区及世界和平稳定发展起到了重要的压舱石作用。强调发展和深化中俄关系是两国的战略选择，无论国际风云如何变化，我们都要全力把两国关系发展好、维护好。

中俄互为彼此“唯一的”全面战略伙伴，两国拥有最高水平的政治互信，关系连续迈上新台阶，这不仅得益于两国元首着眼世界大势做出的英明政治决策，更是基于两国自身长远发展的内在需要。

2018年3月17日和18日，习近平主席和普京总统分别连任后，在第一时间互致贺电。6月6日普京在接受专访时表示，习近平是一位“合适的合作伙伴和可靠的好朋友”，并披露习近平是唯一和他一起庆祝生日的外国领导人，他们一起喝了伏特加。6月8日访华时，习近平向普京授予“友谊勋章”，他成为首位获得中国对外最高荣誉的外国领导人。习近平称普京为当前高水平中俄关系的“缔造者和推动者”，是他“最好的知心朋友”。

2019年6月，习近平主席应邀第8次访问俄罗斯，和普京总统一起出席中俄建交70周年纪念活动，共同开启中俄关系更高水平、更大发展的新时代。习近平强调，经过70年风云变幻考验，中俄关系愈加成熟、稳定、坚韧。新时代的中俄关系，要始终以互信为基石，筑牢彼此战略依托；要着力深化利益交融，拉紧共同利益纽带；要大力促进民心相通，夯实世代友好的民意基础；要更加担当有为，携手维护世界和平安宁。

在两国领导人的战略引领下，中俄全面战略协作伙伴关系将迎来新机遇，为促进两国共同发展繁荣，维护地区及世界和平稳定做出更大贡献。当然，中俄关系发展进程中难免也出现这样那样的问题，包括相互认知有差异、贸易结构失衡等。乌克兰危机后，俄罗斯民众普遍认为中国是友好国家。在西方打压下，俄对华倚重进一步加深。在四大战略力量中，中国是唯一没有直接卷入的一方，我们反对以武力或制裁解决乌克兰问题。普京称中国为“天然伙伴，天然盟友”。

现在，我国是俄罗斯最大的贸易伙伴，是俄第一大原油进口国和最大食品进口国。2014年双边年贸易额达953亿美元，受国际能源价格走低、卢布汇率波动等因素影响，此后两年双边贸易额出现下滑。但这只是暂时现象，双方着手完善贸易结构，提高合作质量，2017年贸易额增长约22%，2018年突破1,000亿美元，下一步则是2,000亿美元。要实现这些目标，思想观念需要创新，经济合作必须进入结构转型和战略升级的新阶段，着重进行战略性大项目合作，提升中俄利益交融水平。经过20多年发展，进一步扩大传统贸易潜力有限，应重点加快联合开发、制造、应用和投资、金融等领域合作，推进基础设施建设、能源、航空、航天、高新技术等领域务实合作。双方还需进一步加强民间人文友好及地方交流合作，夯实两国关系的社会民意基础。

当前，世界上乱象丛生，各种不稳定、不确定因素明显增多。国际力量格局和国际体系正在发生深刻变化，大国关系也在进行重大调整。美国公开将中俄定位为“修正主义国家”，认为是主要战略竞争对手。中国和俄罗斯互为最主要、最重要的战略伙伴，中俄新型大国关系稳步健康发展对双方都具有不可替代的战略价值，对维护国际公平正义、世界和平稳定也至关重要。在大乱局、大变局的新形势下，双方应通过更紧密、更深层次的战略沟通，更好地联手应对全球性的新问题、新挑战，坚定支持对方维护国家主权、安全、发展利益的努力，进一步加强政治互信，深化务实合作，注意照顾对方的利害关切和舒适度，给两国人民带来更多实实在在的好处，确保双方“背靠背”战略合作可持续发展。

总之，立足于“世代友好，永保和平”的中俄两大邻国关系发展前景广阔。

# 中俄全面战略协作伙伴关系的现实基础

◇杨　闯

**内容提要：**俄罗斯是最大的转型国家，中国是坚持共产党领导、坚持全面改革开放的社会主义国家。中俄关系进入21世纪后，正处于历史上的最好时期。其基础是，既有对于国际格局与国际安全形势的共同认知，又有基于国家利益的深度合作。双方在国际安全格局与国际热点问题上高度协调，但都保持了各自外交的独立自主。这一切都缘于摒弃社会制度和意识形态的差异来处理国家关系。

**关键词：**中俄关系　战略协作伙伴关系　现实基础

## 一、中俄关系是结盟，还是全面战略协作

俄罗斯联邦总统普京在其第四个总统任期内的首次访问，选择了中国并出席在青岛举行的上海合作组织成员国元首理事会峰会。在2018年6月8日签署的《中俄联合声明》第一部分，双方对中俄全面战略协作伙伴关系的性质，对国际关系的意义、内涵、未来发展方向全面

杨闯，1969年北京大学俄语系毕业，1981年北京大学国际政治系研究生毕业。外交学院教授，国际关系外交学专业博士生导师。曾任中国驻亚美尼亚大使馆一等秘书，首席馆员，临

时代办；中国驻乌克兰大使馆政治处主任。兼任中国教育学会国际政治专业委员会常务理事，学术委员会副主任。北京市委讲师团成员，中国未来学会会员，中国中亚友好协会理事。主要著作有《百年中俄关系》《中国和平发展道路：历史选择与时代方向》《外交学概论》《外交学》《外交学：理论与实践》等。

加以阐释。

声明说："在双方多年共同努力下，中俄全面战略协作伙伴关系已成为内涵丰富，战略意义突出的一组大国关系，为促进两国各自发展振兴、捍卫世界和平与稳定作出重要贡献。中俄关系建立在政治领域高度互信、相互尊重、平等，相互支持和照顾彼此核心利益，尊重主权和领土完整及对方选择的发展道路，互不干涉内政、不以意识形态划线，恪守国际法等原则基础上。两国和两国人民发展世代友好和互利合作的愿望坚定不移，为双边关系健康稳定发展提供了强大动力。双方重申，将继续视中俄关系为各自外交政策的关键优先方向之一，共同致力于将两国关系提升至新的更高水平。"

普京总统在接受新华社社长和中国国家电视总台台长采访时说，俄中是"盟友关系"，"处于历史最好的时期"。我们很能理解普京这一对中俄关系的高度评价。但从历史角度考察，中俄从"相互视为友好国家"，到"建设性伙伴关系"，再到"面向21世纪战略协作伙伴关系"，再到"全面战略协作伙伴关系"，经历了26年。26年的时间里，中俄关系总体平稳发展，也不乏分歧与矛盾。现在，中国已经被俄罗斯看作重要盟友，这一国际关系的互动结果的深层次原因，值得我们深入思考。

俄罗斯是转型的资本主义国家，从世界上第一个，也是最大的社会主义国家转变为资本主义国家。1991年12月25日，莫斯科克里姆林宫降下红星镰刀锤子图案的苏联国旗，升上白蓝红三色的俄罗斯联邦的国旗，标志世界上第一个社会主义国家，执政74年的苏联共产党丢掉了政权。俄罗斯开始了资本主义的发展时期，俄罗斯的政治架构也是按照西方的政治架构设立的。俄罗斯却没有与西方国家建立起盟友关系，而是与坚持社会主义发展道路的中华人民共和国建立了世界上最好的国家关系。

从1992年底，叶利钦总统访问中国，实现了中苏关系向中俄关系的和平转变，“相互视为友好国家”。1992年的第一个《中俄联合声明》，就明确规定了双方“超越意识形态和社会制度处理两国的国家关系”。1994年9月，江泽民主席访问俄罗斯，双方发表的联合声明宣布建立“睦邻友好、互利合作的建设性伙伴关系”。1996年4月24—26日，叶利钦总统访华时在飞机上主动提出“发展面向21世纪的战略协作伙伴关系”，中方完全接受叶利钦的建议。这是“两国作出的战略选择，符合两国共同利益，也有利于地区及世界和平稳定”。在1996年中俄两国元首签署的第三个《中俄联合声明》中，双方正式宣布建立“平等信任、面向21世纪的战略协作伙伴关系”。短短三年时间，中俄关系实现三个大步的跨越。这标志俄罗斯的外交政策从最初的“向西看”，调整为既“向西看”也重视同中国和亚洲其他国家的关系。俄罗斯外交政策从“大西洋主义”调整到“欧亚主义”，其标志是外长由科济列夫调整为普里马科夫。

## 二、对中俄(苏)关系的历史记忆

对中苏从同盟关系到国家关系破裂，两国都有很深记忆。中苏同盟关系是毛泽东1950年第一次访问苏联时争取，并由周恩来总理谈判取得的成果。中苏签订《中苏友好同盟互助条约》是对1945年《中苏友好同盟条约》的调整，双方都有让步。中国获得了苏联的援助，但也付出了代价。1950年的《中苏友好同盟互助条约》将两国确定为同盟互助关系，既有军事互助，也有经济互助。这种同盟关系的基础是多元的。第一，是社会制度的相同和共产党执政。第二，是国际上两个阵营的存在，中国明确表示“一边倒”，站在社会主义阵营一边，壮大了社会主义阵营的力量。第三，是基于国家利益，苏联援助中国进行第一个五年计划，156个大项目[①]就是这一时期奠定的。第四，是对远东安全环境的认同，主要还是防范日本军国主义复活。

中苏同盟关系在抗美援朝战争中就经受了考验，总体上，苏联是站在中国一边的，向中国提供了援助。从苏联最初不愿出动空中力量，到后来提供空军支持和装备，还是说明了中苏同盟关系的存在。但是苏联的军事援助成为中国的债务，是要偿还的，这也反映了双方在盟友关系存续期间就存在矛盾与分歧。最主要的问题是在斯大林时期，没有解决旅顺港归还给中国的问题。斯大林去世后，赫鲁晓夫1954年9月访问中国，才宣布解决了这个问题。

---

① 斯大林时期确定的是141项，1954年赫鲁晓夫访问中国，又确认了15项，总计156项。

在1956年苏共二十大上，赫鲁晓夫做了否定斯大林的秘密报告，引起国际社会的震动。中国在1956年4月5日发表《无产阶级专政的历史经验》，显示了两党对斯大林历史地位的不同看法。1960年为纪念列宁诞辰90周年，《人民日报》发表《列宁主义万岁》文章。从1956年苏共二十大开始，到1964年10月赫鲁晓夫下台，中苏对于意识形态问题的论战经历了8年时间，但还没有影响国家关系。伏罗希洛夫主席于1957年、赫鲁晓夫于1959年都访问了中国。但是赫鲁晓夫攻击中国共产党的领导人，特别是苏联突然撤走全部在华专家，两国关系从"打嘴仗"的论战，发展到国家关系的破裂，甚至发生了1969年中苏边界的流血武装冲突。1989年5月邓小平会见苏共中共总书记戈尔巴乔夫时，评价这场论战是"放空炮"。即便如此，中苏在抗美援越战争中，仍保持了共同的立场，中国人民对苏联的援助也是铭记于心的。1968年8月以苏联为首的华沙条约组织国家军队入侵捷克斯洛伐克，中国对苏联的行为给予严厉批判，提出"社会帝国主义"的概念。而从1968年8月苏联入侵捷克斯洛伐克，到1969年3月中苏边界武装冲突，仅仅过了半年多的时间，说明苏联在勃列日涅夫时期更热衷于使用武力处理国家关系。总之，20世纪的后50年，中苏关系跌宕起伏。

1976年10月中国结束了"文革"时期。从1978年底开始的"改革开放"，对内是放弃"以阶级斗争为纲"的指导思想，将党和国家的工作重心转移到经济建设上来，对外则是与一切国家都要发展建立在和平共处五项原则基础上的国家关系，为中国的发展创造有利的外部环境。改革开放后，中苏在消除"三大障碍"基础上实现两国关系正常化。1996年以来建立的面向21世纪的战略协作伙伴关系，双方都认为是最好的双边关系模式。

冷战后，中俄关系平稳发展的根本原因，就是双方摒弃了以意识形态和社会制度划线的传统思维。从1992年的相互视为友好国家，到1994年建立“建设性伙伴关系”，再到1996年4月叶利钦访华提出“发展面向21世纪的战略协作伙伴关系”，2002年双方签订《中俄睦邻友好合作条约》，确立指导双边关系的政治原则。2011年中俄宣布建立“全面战略协作伙伴关系”。领导人的接替，不仅没有影响双边关系发展，反而是不断深化基础和扩大领域的合作。

中俄社会制度不同，文化不同，但对国家安全、经济发展的追求是共同的。习近平指出金砖国家合作原则：（1）互尊互助，携手走适合本国国情的发展道路；（2）秉持开放包容、合作共赢的精神，持之以恒推进经济、政治、人文合作；（3）倡导国际公平正义，同其他新兴市场国家和发展中国家和衷共济，共同营造良好外部环境。这些原则同样适用于中俄关系。

中俄之间的战略伙伴关系经历了冷战后国际形势变化的考验。在1999年“大使馆事件”中，俄罗斯坚定地表示支持中国。在2001年阿富汗战争和2003年伊拉克战争期间，中俄都密切战略沟通与协调。在朝鲜半岛无核化问题上，中俄立场相近。在钓鱼岛问题上，中俄立场协调。两国的海军分别在东海和波罗的海举行联合军事演习。

与此同时，两国的经济合作也受到国家利益判断的困扰，比如能源合作的曲曲折折，但这种双方对利益的判断引发的曲折与价格之争，都是正常的，不影响两国关系的大局。

对于中俄关系处于历史最好时期，我们的理解就是：现在双边关系真正体现平等互利，相互尊重，合作共赢，又保持各自独立自主外交与战略协调。中俄两国学术界不乏结盟呼吁。笔者认为，中俄关系的不结盟、相互尊重、不针对第三国的原则应该坚持，除非国际形势与大国关系发生根本改变。中俄全面战略协作伙伴关系虽不是结盟关系，但是国家关系中最好的形式，并且高于结盟关系，有利于国际总体关系不朝着两个对立军事集团方向发展。

## 三、从中美苏大三角关系看中俄关系发展

要看清楚中俄关系的发展过程，必须从更宽广的国际视野，从历史深度来分析，特别是要从中美俄三边关系来看三国的互动。因为国际关系从来就不是单纯的双边关系，而是多种关系的互动结果。

20世纪70年代，毛泽东提出“三个世界划分”的理论，反对霸权主义，既反对美国霸权主义，也反对苏联霸权主义。1972年尼克松总统访华，中美双方互设联络处，1979年1月两国正式建交。毛泽东以“乒乓外交”赢得中国外交的主动，使中美对抗关系发生转化，而中苏关系也随着时间和国内国际政策的调整，发生从对抗到正常化的转变。

1978年中国改革开放，推动了中国外交政策的调整。在邓小平的运筹下，通过参加勃列日涅夫、安德罗波夫和契尔年科三位苏联领导人葬礼的“葬礼外交”，中国与苏联关系逐步打破僵局。在邓小

平的指示下，中国外交部门通过谈判，在消除“三大障碍”[①]基础上，实现两国关系正常化。

1989年5月，戈尔巴乔夫访问中国，与邓小平会谈，邓小平总结了中苏关系的历史教训，提出“结束过去，开辟未来”。当时，谁也没有想到，仅仅过了两年半的时间，苏联就解体了。苏联解体后，两国的社会制度不同，现在执政的是在21世纪初由普京总统整合俄罗斯的中派力量——由上而下建立的“统一俄罗斯党”。“统俄党”是认同俄罗斯转轨后的发展方向的。社会制度与执政党这两个因素不再是中俄关系的决定因素。

在中俄1996年建立“面向21世纪的战略协作伙伴关系”之后，美国克林顿政府也向中国提出建立战略伙伴关系。1997年江泽民主席访问美国，双方达成了关于中美“致力于建设战略伙伴关系”的联合声明。钱其琛同志在外交学院作报告时解释，中俄的战略协作伙伴关系是已经建立了，而中美是“致力于建设”，还在建立过程中。其实，美国对中国一直不断“下绊子”。1995年5月22日，美国克林顿政府不顾中美达成的《上海公报》中关于“一个中国”的原则，批准李登辉到美国访问，参加康奈尔大学毕业典礼，致使中美关系倒退。1996年又发生“台海危机”，美国派军舰为台湾“助威”，挑战中国在台湾问题上的底线。

1999年，在美国发动的干预南斯拉夫内政的科索沃战争中，中国与俄罗斯都谴责美国以“人权高于主权”为名，对南斯拉夫发动空袭。1999年5月8日，中国驻南斯拉夫大使馆遭到美国远程导弹

① “三大障碍”的消除指“苏联从中苏边界撤军，从阿富汗撤军，敦促越南从柬埔寨撤军”。

的打击。中国3位记者牺牲，多名使馆人员与专家受伤。中国政府严正交涉，召回驻美大使李道豫以示抗议。克林顿总统解释是美国军方使用了错误的军事地图造成的。这是一种敷衍中国的说法。后来克林顿在美国国会听证会上直截了当地承认，中国是美国的“战略对手”。2001年4月1日，在中国南海上空又发生“撞机事件”，中国海军航空兵飞行员王伟牺牲。无论是民主党政府，还是共和党政府执政，美国都把中国看成“战略对手”。2001年共和党的候选人大选获胜，小布什当时的判断是，中国是美国的“潜在对手”，再过15年，中国就是美国的“战略对手”。

冷战后俄美关系也经历了复杂的变化。从1991年12月25日俄罗斯成为苏联国际法的继承国起，俄美关系只经历了短暂蜜月。俄罗斯没有如数收到西方承诺数额的援助，帮助俄罗斯实现经济转轨。西方答应的援助变成“口惠而实不至”的空头支票。随后是西方国家在“车臣问题”上对俄罗斯的打压，其原因是西方认为，俄罗斯联邦还是太大，要进一步肢解俄罗斯联邦。当时俄罗斯高加索地区确实存在有些联邦主体要独立的国内分离问题。在这种背景下，美国推动北约东扩，支持车臣分离势力，作为打压俄罗斯的两大手段。

在两德统一的谈判中，西方承诺，统一后的德国不加入北约。但是，北约不仅在德国继续部署军队，而且在美国支持下四轮东扩[①]，从冷战结束前的16国，扩大到29个成员国。俄罗斯也希望与北约改善关系，建立“统一的欧洲安全大厦”，曾与北约建立了“19+1”的机制，实质是俄罗斯与北约的对话机制。后来“19+1”变成20国机制，但俄罗斯只有对话权，没有决策权。2000年普京执政后，一年多的时间，俄美关系发生戏剧性变化。2001年“9·11事件”后，美国发动对阿富汗塔利班政权的战争，俄罗斯曾经帮助了美国，劝说中亚国家提供空中走廊和军事基地。俄罗斯的军队也进入阿富汗，一道参战。但2002年，美国小布什总统退出“反导条约”，双方发生驱逐外交官的事件，俄美短暂的蜜月又没有了。普京以俄罗斯有足够的力量保护自己的国家安全为由，退出了与北约的20国机制。

2008年北约要吸收格鲁吉亚加入，格鲁吉亚总统萨卡什维利以为有北约的支持，率先对欲独立的南奥塞梯动手，导致“俄格冲突”。正在中国出席奥运会开幕式的普京，匆匆提前回国。俄格冲突的结果是，阿布哈兹与南奥塞梯从格鲁吉亚分离出去，并与俄罗斯建交。

独立后的乌克兰也一直希望加入欧盟与北约。库奇马总统执政时还维持大体东西方平衡的政策，库奇马之后的尤先科政府则明显向西摇摆。2013年11月，地区党领导人亚努科维奇主政，对外政策往东调整，乌克兰接受俄罗斯的借款，以摆脱债务危机，暂时中止

① 1999年3月，北约成立50周年时第一次东扩，吸收波兰、捷克和匈牙利，成员国达到19个。第二次是2004年3月，7国（斯洛伐克、斯洛文尼亚、保加利亚、罗马尼亚和波罗的海三国立陶宛、拉脱维亚和爱沙尼亚）加入北约，成员国达到26个。第三次是2008年4月克罗地亚、阿尔巴尼亚加入北约，成员国达到28个。第四次是2015年12月2日北约邀请黑山共和国加入，2017年3月28日美国参议院完成批准手续，北约扩大到29个。

与欧盟的联系国协定的签署，因而爆发了乌克兰国内的政治危机。这场乌克兰危机的实质是俄罗斯阻止北约第四次东扩。北约从陆路接近俄罗斯西部的企图，遭到俄罗斯反击。亚努科维奇下台了，亲西方的波罗申科上台了。基辅街头的武装冲突平息了，但东部的卢甘斯克与顿涅斯克二州则宣布独立，与乌克兰中央政权发生内战。2014年3月，克里米亚和塞瓦斯托波尔通过“全民公决”重归俄罗斯，俄罗斯杜马和联邦委员会果断批准，并提供援助。因此，俄罗斯遭到美国、欧盟极为严厉的制裁。俄罗斯的经济由于国际油价下跌和西方打压，雪上加霜。但为让克里米亚摆脱乌克兰封锁困境，俄罗斯又在连接克里米亚的刻赤海峡修建跨海峡大桥。普京总统亲自驾驶大货车，参加通车典礼。

冷战后北约六次东扩企图，四次得逞，将军事力量部署到波罗的海三国、波兰和黑海国家罗马尼亚和保加利亚，挤压了俄罗斯在波罗的海和黑海的战略空间，但是俄罗斯以军事力量强硬回应。奥巴马执政时期，俄美开始重启两国关系大门。但是由于双方在叙利亚和乌克兰问题上的较量，俄美关系回暖难以实现，处于艰难的境地。特朗普上台后，双方虽然举行首脑会晤，但由于“通俄门”事件发酵，俄美关系没有根本扭转，降低到比冷战时期还低的水平。

## 四、中俄全面战略协作伙伴关系的基础

中俄关系的基础有两个，一是双方对国际安全格局的判断，二是双方国家利益的契合。中俄在亚太事务和欧洲防务中都面临美国

的压力，俄罗斯面临北约与欧盟的双东扩，挤压俄罗斯的安全空间和经济合作空间。中国也面临美国的多种掣肘。奥巴马政府在中国发展与东盟国家关系，在“10+1”和“10+3”取得积极进展的时候，在2010年和2012年提出“重回亚洲”“亚太再平衡”战略。特朗普政府上台后，在台湾问题和南海问题上不断试探中国的底线，2017年5月以后一段时间里，美国7次派军舰到中国的南海游弋。2018年5月27日2艘美军舰到中建岛和永兴岛12海里内搞军事演习。美国出台《国家安全战略报告》，在军事上提出“印太战略”，将“太平洋司令部”改成“印度洋-太平洋司令部”，其目的就是要给中国编织一个更大的围堵网络。特朗普总统批准了美国国会众参两院通过的所谓的“与台湾旅行法”，突破了美国官方不与台湾往来的红线。在2018年新加坡的香格里拉安全对话会上，美国防长带头指责中国在南海搞军事化，而英法军方代表则与美国一个腔调，打压中国在南海捍卫自己领土主权的严正立场。在南海问题上，随着中国在南海岛礁建设上的不断进取，中国正面临美国加大围堵的安全威胁，应该值得我们高度警惕。中国面临的这种亚太环境和俄罗斯在波罗的海、黑海受到的北约挤压，就是客观上推动中俄战略协作伙伴关系发展的外部动力。

习近平总结了中俄关系的政治基础。2017年5月14日，在“一带一路”国际合作高峰论坛期间，习近平在与普京会晤时指出：发展和深化中俄关系是两国的战略选择。无论国际风云如何变化，我们都要全力把两国关系发展好、维护好。双方要深化经贸、能源等传统领域合作，落实好重点项目；同时，开拓科技、创新等领域合作，推动两国务实合作提高水平，取得更多成果。2017年11月10日，在越南岘港举行APEC非正式会晤期间，国家主席习近平第五次会见俄罗斯总统普京。习近平指出：双方坚定支持对方维护本国核心利益，政治互信进一步巩固，是真正相互信赖的战略伙伴。中俄建立和发展的全面战略协作伙伴关系树立了相互尊重、公平正义、合作共赢的新型国际关系的典范。习近平强调，当前，中国特色社会主义进入新时代，俄罗斯在强国富民的发展道路上稳步前进。在我们两国各自发展的关键时期，中俄关系也迎来新的发展机遇。

中俄互利合作与边界最后划定，符合双方的利益。4300千米中俄边界成为互利合作与友好相处的纽带。两国元首定期在多边和双边外交场合会晤，指导双边关系健康发展。两国总理定期会晤，签订各种领域的合作文件。两国各个层级的双边委员会为双方沟通搭建了便利渠道。双方共同举办友好年、媒体年、青年交流年、旅游年，加深双方民间的认知与友谊。双方在能源、大飞机、航天航空领域的合作不断取得新的成果。随着俄罗斯在远东发展战略的出台，中俄在俄罗斯远东地区的农业合作、木材深加工、天然气利用、北极圈的石油资源开采和北方航道的开通都取得实实在在的进展与成果。

2017年是十月革命100周年，在对十月革命的评价上，双方存在分歧。俄罗斯对十月革命的评价完全是颠覆了传统的观点，认为十月革命是“颜色革命”。俄罗斯修筑了长35米高6米的“悲伤墙”。中国在十九大报告中还是坚持“一百年前，十月革命一声炮响，给中国送来了马克思列宁主义。中国先进分子从马克思列宁主义的科学真理中看到了解决中国问题的出路。”[1]坚持对十月革命的积极观点，也是传统观点，关系中国共产党的执政地位。中俄之间对十月革命的评价有天壤之别，没有必要回避，也回避不了。

中俄2017年双边贸易额842亿美元，同比增长22%。2018年突破了1000亿美元。但双边贸易仍有提升的空间。目前的贸易额与两国领导人确立的2020年2000亿美元仍有较大的距离，要找出中层梗阻的节点，特别是海关领域的问题，从而化解矛盾，同步提升双边贸易规模和质量，落实好能源、投资、高技术、航空航天、基础设施建设等领域大项目合作，还需双方极大努力。双方在“一带一路”建设和欧亚经济联盟对接上进一步细化，已经取得实质成果。随着中俄在能源领域的合作扩大，中国东北三省、内蒙古自治区、西伯利亚和远东地区的合作深入发展，中国长江中上游地区与俄罗斯伏尔加河流域地区的合作也在深入发展，中俄2000亿美元的贸易额目标也是很快可以实现的。

双方在“一带一路”和“欧亚经济联盟”框架下的对接与合作也在不断加强。双方各个领域关系的发展，符合双方国家经济发展利益，也符合两国人民对世代友好的期盼。

## 五、中俄全面战略协作伙伴关系是世界和平的基石

中俄全面战略协作伙伴关系不是抱团取暖。中俄是“背靠背、肩靠肩”的战略层面的沟通与协调。双方在推动构建新型国际关系，



① 张福俭、张绍元编著:《党章必修课》,中国言实出版社2017年版,第59页。

建立更加公正持久、以维护全人类团结和共同利益为原则的多极格局，推动各国在坚实的法律基础上开展互利合作，共同构建人类命运共同体等问题上，具有共同的语言与价值取向。双方均坚定奉行多边主义和国际关系基本准则，推动开放、包容、普惠、平衡、共赢的经济全球化格局，建设开放型世界经济，支持多边贸易体制，反对保护主义，为各国发展创造和平稳定环境。

俄美关系与中美关系相比，中国显得更为从容，其原因在于各自安全环境不同，外交处理方法不同。中国的"太极拳外交"见招出招，同时展示中国的军事实力，有效化解了美国对华政策的两手战略、误判和不确定性。俄罗斯的"拳击外交"显示了俄罗斯的肌肉实力，同样也有效遏制了美国的军事冒险。

双方推进了全球经济治理改革互信与配合。双方都支持提高新兴市场国家和发展中国家的代表性和发言权，为解决南北发展失衡、促进世界经济增长提供新动力。中俄加强在亚太经合组织、上海合作组织、金砖国家组织、"一带一路"的框架内沟通与协作，推动亚太自由贸易区建设、互联互通、改革创新取得新进展，加快了构建开放型经济。在东北亚安全问题上，中俄相互配合，共同反对美国在韩国部署萨德系统。在半岛问题上支持和平解决朝核问题，推进半岛无核化，在联合国安理会保持密切沟通。在叙利亚问题上，中国支持俄罗斯的立场与行动。

中俄的全面战略协作伙伴关系是各自保持独立自主外交的战略协作。中俄在国际事务保持战略协作的同时，各自保持独立自主外交。比如在克里米亚、阿布哈兹和南奥塞梯问题上，中俄政策是不同的。对俄罗斯石油公司与越南合作开发属于中国的南海油田问题，在国际环境法的制定问题上，双方都有不同的立场。这是非常正常的。中国不可能为了发展同一国的关系，而损害中国同其他国家（乌克兰、格鲁吉亚）的关系。中国也不能赞同俄罗斯的石油公司为了自己的利益而损害中国国家主权与利益。俄罗斯总统办公厅新闻发言人表态说，俄罗斯石油公司未与克里姆林宫沟通。2018年5月10日第73届联大表决"迈向《世界环境公约》"的程序决议，中国是站在构筑"人类命运共同体"高度，自然是与144个国家站在一起。而俄罗斯、美国等5个国家则投了反对票，另有7个国家投了弃权票。

当前的国际形势特点仍是美国主导。美国特朗普政府的特点是政策多变，不断不按常理出牌，上届奥巴马政府批准的协议，特朗普都要退出。特朗普政府对外政策的不确定性，使俄美关系、中美关系均存在对抗的隐忧。在大国关系深刻调整的背景下，中俄关系保持高水平战略协作是十分有利的。中俄在国际事务中密切有效协作，发挥了两大国对国际社会的担当与稳定作用，推动了有关热点问题解决进程。中俄全面战略协作伙伴关系对维护地区及世界和平发挥了稳定器的作用。

当前世界经济存在诸多不确定性。虽然世界经济呈现逐步复苏势头，国际贸易和投资均有回升的迹象，但复苏缓慢，表现为发达国家增长动能不足、全球经济治理体系不完善、世界各地区发展失衡。世界存在发展同时带来的全球性的治理赤字和全球和平的赤字问题。中俄双方呼吁国际社会共同努力，构建开放型世界经济，克服全球经济增长难题，推动建设开放、包容、普惠、平衡、共赢的全球化经济，维护世界贸易组织规则，维护以规则为基础的开放、透明、包容、非歧视的多边贸易体制，反对贸易保护主义。

双方继续加大在全球问题上的相互支持，加强全方位战略协调合作，加强在国际和地区热点问题上的沟通，密切在联合国、上海合作组织、金砖国家等多边框架内的协调和配合，有利于世界总体和平的巩固与发展，也有利于国际热点问题的逐步解决。在复杂多变的国际形势下，我们必须保持清醒头脑与定力，搞好中俄关系，保持中俄关系的稳定与积极发展，才能赢得对中俄都有利的发展环境。中国国内治理做好了，才能在全球治理中，从观念到实践发挥更大的引领作用。

总之，中俄关系要从大处、长远、全局着眼，不要纠缠历史问题。边界问题已经解决，陆地边界已经划定。两国求同存异，摒弃意识形态和社会制度的分歧，从国家利益与国际安全大局出发，保持好向上的、积极的、稳定的全面战略协作伙伴关系，对提升两国人民福祉是有利的，也是世界和平的稳定器。

# 建设“丝绸之路经济带”与我国区域经济协调发展

◇李本和

**内容提要**：推进“一带一路”建设，除了在沿线地区寻求战略突破之外，更重要的是展开内部建设。其中，建设“丝绸之路经济带”作为“一带一路”倡议的重要组成部分，如何创新发展模式，为外围国家和地区实现转型发展探索路径、提供示范，显得尤为重要。因此，在推进“丝绸之路经济带”建设过程中，应根据“一带一路”框架下我国区域开发新格局及其时代特征，在深入实施区域总体发展战略的基础上，把分区推进与联动发展结合起来，进一步加强东中西互联互通，促进经济转型升级与区域经济协调发展。

**关键词**：“丝绸之路经济带”　区域分工合作　协调发展

李本和，男，河南太康人，中共安徽省委党校教授，安徽外国语学院教授，安徽省资本论研究会副会长。研究方向为马克思主义经济理论、区域经济。代表性成果有《促进中部

我国《推动共建丝绸之路经济带和21世纪海上丝绸之路的愿景与行动》（以下简称《愿景与行动》）指出：“推进‘一带一路’建设，中国将充分发挥国内各地区比较优势，实行更加积极主动的开放战略，加强东中西互动合作，全面提升开放型经济水平。”其中，建设“丝绸之路

经济带”作为“一带一路”倡议的重要组成部分，在国内建设中虽然对各地区发展定位和扮演角色的要求有所不同，但同时涉及我国的东中西部和东北地区“四大区域板块”。如何通过加强区域分工合作把分区推进与联动发展有机结合起来，促进经济转型升级与区域协调发展，已成为国内推进“一带一路”建设的重点和难点。本文在分析“一带一路”框架下我国区域开发新格局及其时代特征的基础上，从发挥各地区比较优势与扩大开放合作的角度，提出了东中西实现互联互通与促进区域经济协调发展的对策。

崛起与区域经济协调发展》，发表论文50余篇。本文为作者主持的2014年度国家社会科学基金重点项目“建设‘丝绸之路经济带’与我国区域开发战略升级研究”（批准号：14AJL014）的阶段性研究成果。

## 一、“一带一路”框架下我国区域开发新格局及其时代特征

根据推进“一带一路”倡议的总体部署，目前，在我国国内已初步形成了具有明显时代特征的全方位开放式多层次立体化的新格局，并体现出国内开发与对外开放相衔接、分区推进与联动发展相统一、“点、线、网、面”相结合、区域合作与体制创新相协调、“陆、海、空、地”为一体的内在逻辑性。应在这一大背景下来统筹考虑推进“丝绸之路经济带”建设与促进我国区域

经济协调发展问题。

## （一）“一带一路”框架下我国区域开发新格局的空间组合

根据《愿景与行动》的国内新布局和国家“十三五”规划的有关开放战略部署，我国在国内有关“一带一路”规划的空间范围，同时涉及东中西部及东北“四大区域板块”。但是，在具体的划分上有了新的区域板块的空间组合方式，即西北和东北地区、西南地区、东部沿海地区、内陆地区。这种空间组合方式在我国既往区域发展总体战略的四大政策板块划分的基础上，有一些新的调整。之所以要采取这种新的区域空间组合方式，就是因为在“一带一路”框架下，各个地区有了新的战略定位和发展要求。这其中，“经济带”的构建将是盘活整个区域格局的关键[①]。有关建设“丝绸之路经济带”的规划范围，除了从事21世纪海上丝绸之路建设的沿海地区及重点港口之外，几乎所有内陆地区都直接或间接地属于其覆盖范围。扩大内陆地区的开发开放，对推动东中西部地区联动发展具有重大意义。

西北和东北地区作为内陆腹地，是我国对外开放较晚的地区。把西北和东北地区放在一起，是为了更好地突出这两个地区都是推进“丝绸之路经济带”建设的重点地区。二者之间在推进“丝绸之路经济带”建设方面有着密切的分工合作关系。其中，把新疆作为

---

① 黄志钢著：《构建“经济带”：区域经济协调发展的新格局》，《江西社会科学》2016年第4期，第37—42页。

打造“丝绸之路经济带”的核心区，是要在这一区域范围内培育新的经济增长极，使之能够成为与西北各省区合作，充分发挥民族人文优势的我国向西开放的重要窗口。内蒙古属于西部地区的政策板块，在此次区域开发开放的新格局中划入东北地区的政策板块之中，主要是因为在我国东、中、西三大对外通道中有两条通道都处在此境内，使内蒙古在密切与东北三省和华北、华南、华东地区经济联系的同时，也提升了自己在推进“一带一路”建设中的战略地位。东北和西北通过分工合作共同打造我国东、中、西三大对外开放发展的运输大通道。

西南地区虽然陆地边境线不如西北和东北地区长，但把西南地区作为一个单独的区域板块提出来，说明西南地区在“丝绸之路经济带”建设中具有特殊的战略地位。其中，广西、云南在我国面向南亚、东南亚地区推进“一带一路”建设中发挥重要战略支点和枢纽作用。因此，两省区要密切区域分工并加强与周边国家合作，携手共建孟中印缅经济走廊和中国—中南半岛经济走廊。

东部沿海地区是我国对外开放较早的地区，也是我国经济发达的地区。把沿海和港澳台地区放在一起，是为了更好地发挥沿海地区在推进“一带一路”特别是“21世纪海上丝绸之路”建设中的排头兵和主力军作用，以及海外侨胞和香港、澳门特别行政区在参与和助力“一带一路”建设中的独特优势作用。其中，把福建建设成为“21世纪海上丝绸之路”核心区，不仅对建设“21世纪海上丝绸之路”具有引领和示范作用，而且对吸引台湾地区参与“一带一路”建设的两岸交流合作和稳定台海局势具有特殊意义。

中部和西部的内陆地区由于地理区位条件的制约，一直是我国对外开放的难点地区，因此，把中部地区和西部部分地区一起作为内陆地区来统一筹划。通过建设沟通境内外、连接东中西的运输大通道，形成横向纵向经济带，来推动区域互动合作和产业集聚发展，把内陆省会城市打造成为内陆开放型经济高地。其中，加快推动长江中上游地区和俄罗斯伏尔加河沿岸联邦地区的合作，将为内陆地区省份参与“丝绸之路经济带”建设提供重要合作平台，创新我国与国外非相邻地区合作的新模式，对我国内陆省份的开放合作发展具有重要带动作用。

### (二)“一带一路”框架下我国区域开发新格局的时代特征

“一带一路”框架下我国区域开发开放新格局与原来我国四大区域板块的区域发展总体战略相比，以区域发展总体战略为基础又是对其的全面深化和发展，从而使我国区域发展总体战略从单一层次平面化的区域发展总体战略上升为全方位开放式多层次立体化区域发展总体战略，这是一种质的飞跃，具有鲜明的时代特征。

一是全方位。所谓“全方位”，是指我国有关“一带一路”规划的空间范围覆盖全国34个省区市。其中，包括4个直辖市、23个省、5个自治区和2个特别行政区。尽管在空间组合方式上有了新的划分和不同的战略定位，但在空间范围上同时涉及东中西部及东北四大政策板块地区，个别省份虽然不在重点区域范围之内，但也直接或间接地参与其中。

二是开放式。所谓“开放式”，是指通过“一带一路”建设，我国的地区开放已从东部沿海地区的开放转向沿海、沿边和内陆地区的全面对外开放，促进东北、西北、西南内陆沿边开放与东部沿海地区开放的联动发展，改变了过去仅仅依靠东部沿海开放促进区域发展的状态，对带动沿边和内陆地区开放合作发展与经济转型升级具有重大意义。

三是多层次。所谓“多层次”，是指“一带一路”的战略布局，分别由开放程度不同的1个“中欧班列”品牌、新疆和福建2个核心区、长三角珠三角环渤海3个排头兵和主力军、东西南北4个方向的对外窗口、6条国际经济走廊、8个内陆开放型高地、11个省市自贸区、15个沿海城市港口、16个国家级新区以及众多口岸和纵横交织的运输通道、开放经济带所构成的多层面开放格局。它们分别对应沿线国家和地区的不同合作模式和合作平台。其中，自贸区建设是我国为打造高标准全球自贸区网络而进行的重大改革开放举措，代表着“一带一路”建设的方向。

四是立体化。所谓“立体化”，是指国内“一带一路”的战略布局，是一种以五大发展理念为引领，以区域发展总体战略、主体功能区战略为基础，以对外开放战略、创新驱动战略为动力，以新型城镇化战略、自贸区战略为支撑，并与京津冀协同发展战略、长江经济带发展战略相协调的综合性发展战略布局，是由多种区域发展战略有机统一叠加在一起的复合型区域开放合作发展战略布局。

### （三）“一带一路”框架下我国区域开发新布局的内在逻辑

“一带一路”框架下我国区域开发开放新布局与以往的战略布局相比，是一种全新的区域发展战略布局，具有一定的内在逻辑性。

一是对外开放与国内开发相衔接，实现了国际市场开拓与国内地区发展的直接对接，使中国与“一带一路”沿线国家经济互补优势得到发挥。这不仅体现在中国作为整体与不同国家的经济耦合上，更体现在中国国内发展层次相异的不同省（自治区、直辖市）与其他国家区域的经济互动上。通过这种多层次全方位的对内对外开放，促进国内区域开发战略的转型升级，以其包容性和普惠性为我国国内各地区的供给侧结构性改革提供了巨大发展空间，同时也为推进经济全球化注入了新动力。

二是分区推进与联动发展相统一。即通过国内纵横交错的国际大通道建设，分别对接六大经济走廊建设，实施全面“走出去”战略，把国内地区承接产业转移与国际经济大循环联通起来，使我国沿海沿边内陆地区的比较优势得以充分发挥，促进东中西部与东北地区联动发展、协同发展，从而突破了原来各种区域之间条块分割的限制，使我国区域发展总体战略成为一个有机统一、协调发展的整体。

三是“点、线、网、面”相结合。这里的“点”是指由各种自贸区、国家级新区、开放高地等形成的新增长极。这里的“线”，是指以通道建设为支撑的各种类型的“点”的互联互通所形成的多条经济带。

这里的“网”是指由多种运输通道和多条经济带纵横交织形成的经济网络体系。这里的“面”是指通过不同经济网络所支撑起来的城市经济圈或区域经济合作板块。目前，在国内通过“一带一路”战略布局和区域分工合作，正在形成点面结合、圈带聚合、协调联动的良好发展态势，从而为沿线国家和地区推进“一带一路”建设提供示范和借鉴。

四是区域合作与体制创新相协调。即通过在全国各地建立各具特色的自由贸易区、国家级新区、开放型经济高地，深化国内体制改革，突破各种行政区划壁垒和传统体制机制障碍的束缚，全面提升我国沿海沿边内陆地区的外向型经济发展水平，进一步增强各地区深化改革的动力和经济发展的活力。

五是“陆、海、空、地”为一体。即在基础设施建设领域，全面提升我国为推进“一带一路”建设服务的保障能力。依托高铁、航空、航天、互联网等先进技术，在全国通过四通八达的铁路网、公路网、航空网、水运网、信息网、管道网等建设，实现从陆地、天空、海上到地下的全面互联互通，从而使全国各地都能够在对外开放发展上突破时空距离的局限性，在同一个起跑线上与世界经济接轨。

## 二、西部地区比较优势的发挥与加快我国沿边开发开放步伐

中国西部是“丝绸之路经济带”的对外连接区和前沿地带，且在国家主权领土范围之内。由此，从西部的创新建设出发，寻求“丝绸之路经济带”建设的破局，成为中国实施新型发展战略在当前

阶段的具有可操作性的首要任务，西部各省份成为共建“丝绸之路经济带”的重点区域[①]。

### (一)西部地区在“丝绸之路经济带”建设中的功能定位分析

西部地区在地理上大体上可分为西北地区和西南地区两大块。西北地区古时被称为“北方丝绸之路”。西南地区古时有“茶马之道”之称，有时也被称为“南方丝绸之路”。后来随着我国政治经济文化中心的南移和海上丝绸之路的兴起，这两条陆上丝绸之路逐渐衰落，成为有待开发开放的内陆腹地。“一带一路”倡议的提出，使西部地区由过去的战略纵深内陆腹地变成对外开放的前沿。

从“一带一路”倡议的整体布局来看，西部地区比较优势明显，但西北和西南地区由于在自然资源环境和经济发展水平方面存在很大差异，在促进沿边开发开放的要求方面有一定区别。

西北地区在面向中亚的通道建设方面，主要是畅通新亚欧大陆桥；在面向南亚和西亚的通道建设方面，主要是打造中巴经济走廊；在发挥商贸物流枢纽作用方面，重点是做好新亚欧大陆桥与中巴经济走廊的对接工作；在形成重要产业和人文交流基地方面，主要是加强国际能源合作和发挥好综合经济文化和民族人文优势。

西南地区在建设面向南亚、东南亚的辐射中心，构建面向东盟区域的国际通道方面，主要是建设好孟中印缅经济走廊；在打造西部开

① 马莉莉、任保平编著:《丝绸之路经济带发展报告2014》,中国经济出版社2015年版,第208页。

发开放重要支撑和内陆开放型经济高地方面，主要是提升重庆、成都中心城市功能和国际化水平，发挥双引擎带动作用和支撑作用，推进资源整合与一体化发展。

## （二）西部地区在国内的区域分工合作关系

推进“丝绸之路经济带”建设，西部地区主要有以下分工合作关系。

### 1.西部与中东部地区的分工合作

西部地区与中东部地区在建设“丝绸之路经济带”方面的分工主要体现在：一是西部地区在重要产业集聚方面应有不同于中东部地区的区域分工和产业特色；二是在人文交流基地建设方面应体现西部地区的地方民族特色，发挥本地区的民族宗教文化优势，加强与周边国家的交流合作；三是在推进本地区的生态保护与环境治理方面，按照主体功能区规划的要求，应有不同于中东部地区的明确的区域分工和严格的标准要求。

西部地区与中东部地区在建设“丝绸之路经济带”方面的合作主要体现在：一是在通道建设以及货源组织方面需要加强地区合作，二是在畅通国内与国际经贸往来实现“大通关”体制方面需要加强地区合作，三是在承接中东部地区的产业转移方面需要加强地区合作，四是在沿线和流域的生态保护与环境治理方面需要加强地区合作。

2.西北与西南地区的分工合作

西北与西南地区的分工主要体现在：一是发展战略走向有分工。西北地区主要承担向中亚、南亚、西亚开放合作及通道建设的任务，而西南地区主要承担向南亚和东南亚地区的辐射以及面向东盟区域国际通道建设的任务。二是在产业发展方面有分工。西北地区干旱少雨，适合发展有关石油、化工的产业和太阳能、风能等新能源产业，而西南地区适合发展水电建设、特色资源深加工、特色轻工业和大数据等相关产业。

西北与西南地区的合作主要体现在：一是在实现“丝绸之路经济带”与“21世纪海上丝绸之路”有机衔接方面有合作。虽然“一带一路”的对接地点在西南地区，但是西北地区在通道建设的支持方面很重要。二是在青藏高原特色产品的开发以及交通等基础设施的改善方面应加强合作。三是在环境治理方面有合作。把西南的水资源引入西北地区，如“藏水入疆”，改善西北地区生态环境，需要加强地区合作。

3.西北、西南地区省际分工合作

西北地区各省之间在体现各自的产业特色以及社会治理、生态建设方面应有所分工，落实好主体责任。但是，在实施“丝绸之路经济带”核心区、甘肃“黄金段”和陕西“新起点”等建设的对接方面应加强合作，其中甘肃、陕西在发挥综合文化优势和宁夏、青海在发挥民族人文优势方面也应该加强合作，以便共同打造面向中亚、南亚的人文交流基地和富有西北地域风情的国际文化旅游目的地。

西南地区各省区在发展各自的特色产业方面，应根据各省区实际情况加强区域分工与错位发展。云南与西藏重点发展高原特色产业和民族文化旅游业，贵州重点发展大数据产业，四川和重庆有一定的工业基础，重点发展现代产业，广西重点发展与东盟的边境贸易产业。但是，在交通设施互联互通、城市群建设、文化旅游及流域生态环境的保护与治理方面应加强合作。

## 三、中部地区比较优势的发挥与扩大内陆开发开放合作领域

中部地区虽然不在“丝绸之路经济带”建设的重点区域范围之内，但是在实现陆海丝绸之路的对接和联动发展方面，具有举足轻重的战略地位。其战略定位和功能作用在“一带一路”框架下也出现了一些新变化。

### （一）中部地区在全国区域发展格局中的战略定位变化

2006年，国家颁布实施《关于促进中部地区崛起的若干意见》，对中部地区的战略定位是“三基地，一枢纽”[①]。十多年来，中部地区的经济社会发展取得显著成就，经济总量占全国比重由2005年的18.8%提高到2015年的20.3%，综合实力和竞争力迈上新台阶，不仅推动中部地区发生了巨大的变化，也促进了东中西区域良性互动。

推进“一带一路”建设为中部地区全面崛起拓展了新的空间。适

① 中共中央文献研究室编：《十六大以来重要文献选编》（下），中央文献出版社2011年版，第414—425页。

应新形势新任务新要求，在巩固提升“三基地，一枢纽”地位的基础上，国家又科学确定了新时期中部地区在全国发展大局中的战略定位，即全国重要先进制造业中心、全国新型城镇化重点区、全国现代农业发展核心区、全国生态文明建设示范区、全方位开放重要支撑区（以下称为“四区一中心”）[①]。其中，牢牢抓住推进“一带一路”建设重大机遇，实施“东融、西进、中联”战略，即向东融入“21世纪海上丝绸之路”，向西参与“丝绸之路经济带”建设，中联内陆各省“抱团”发展，对推进“四区一中心”建设具有重大意义。

相对于西部地区来说，中部地区并没有“丝绸之路经济带”建设的大举规划，但中部地区特殊的地理位置、渐趋强大的产业集聚规模和丰富的人力资源优势，以及汉新欧、郑新欧、合新欧等中欧班列的开通与正常运行，将使其在建设“丝绸之路经济带”中扮演区域分工支撑体系和内外市场联结枢纽等重要角色。

### （二）中部地区在国内的区域分工合作关系

推进“丝绸之路经济带”建设，中部地区的分工合作关系主要有以下几个方面。

1. 中部地区与西部地区的分工合作

中部地区虽然人力资源丰富且产业集聚规模渐趋强大，但缺少向外发展空间，缺少“走出去”的国际市场；而西部地区虽然有靠

① 中共中央文献研究室编：《十六大以来重要文献选编》（下），中央文献出版社2011年版，第414—425页。

近沿边对外发展通道优势，但产业集聚规模和货源组织上仍然十分有限，难以提供国际交换的大量产品。因此，只有中部地区与西部地区加强分工合作，才能使西部地区在向西开放中发挥巨大作用，奠定西部地区在“丝绸之路经济带”建设中的战略地位，同时也使中部地区在“丝绸之路经济带”建设中发挥交通联结、产业承接与战略支撑的作用。

2.中部地区与东部地区的分工合作

我国改革开放以来，由于东部率先发展的影响，中部地区基本上是作为东部地区的工业基地、能源原材料供给基地、农产品供给基地而存在的。自从国家实施促进中部崛起战略以来，中部地区在承接东部沿海地区产业转移中逐步发展壮大起来。特别是中部地区的安徽融入长三角地区后，更加密切了中部与东部地区之间的经济联系。随着国家“一带一路”倡议的实施，中部地区不仅要“西进”参与“丝绸之路经济带”建设，还要“东融”加强与东部地区的经济合作，通过参与建设“21世纪海上丝绸之路”“走出去”，拓展国际市场，提高市场潜力，进一步促进相关产业集聚，加快内部分工，提升生产效率，促进经济转型升级。

3.中部地区省际分工合作

中部地区六省紧密相连，合作潜力巨大。但是，由于实行“分兵突围”的发展战略，如湖南融入珠三角，江西对接珠三角、闽三角和长三角，安徽融入长三角，山西融入环渤海经济圈，在很大程度上制约了中部崛起的步伐，使中部地区“抱团”发展的综合优势并未得到充分发挥。

在建设“丝绸之路经济带”背景下，中部地区对内对外开放合作的空间越来越大，可以从多个方面提升本地区的区域合作水平。一是中部地区的安徽、江西、湖南、湖北可以在加快推动长江中上游地区和俄罗斯伏尔加河沿岸联邦区的合作方面，加强分工合作，共同参与“丝绸之路经济带”建设，提升对外开放水平。二是河南、安徽、湖北可以利用各省的土地资源优势、综合交通优势以及现有的龙头企业，加强分工合作，发展生态农业、现代仓储物流业以及先进制造业。三是山西、河南、安徽应利用已有煤炭产业、钢铁产业优势，加强科技创新合作，发展精细能源化工产业、新型原材料产业。四是湖南、湖北、江西、安徽、河南、山西历史名城云集、历史文化遗址众多、自然风景优美，通过分工合作，整合好中部地区的文化旅游资源，可以形成一条集历史文化、革命圣地、自然风光于一体的文化旅游产业链。五是中部地区的合肥、郑州、武汉、长沙等城市的高新产业园区配套服务完善，通过加强区域分工，大力合作发展高新技术产业及现代物流业，与上述的生态农业、采矿业、制造业、文化旅游业等相配套，则可以构建起全产业链的区域产业分工合作体系，形成以区域性要素为纽带的全方位立体化的区域协作格局。

## 四、东部地区竞争优势的发挥与实现沿海开放型经济转型升级

改革开放以来，东部地区凭借独特的地缘优势和发达的海陆空交

通条件，积极承接国际产业转移，在内外因素共同作用下，率先发展，逐步成为我国经济发展的领头雁。同时，在新的国际环境背景下，东部地区也面临着经济转型升级及与中西部统筹协调发展的艰巨任务。国家实施“一带一路”倡议，大力推进“丝绸之路经济带”建设，再一次为东部地区经济的发展带来机遇。

### （一）东部地区在推进“一带一路”建设中的战略定位分析

《愿景与行动》中对东部地区在“一带一路”规划中的战略定位是“以扩大开放倒逼深层次改革，创新开放型经济体制机制，加大科技创新力度，形成参与和引领国际合作竞争新优势，成为‘一带一路’特别是二十一世纪海上丝绸之路建设的排头兵和主力军”。具体来讲，所谓“排头兵”，是指沿海地区在“一带一路”建设过程中发挥引领作用，走在国内各省、自治区、直辖市的前列，走在“一带一路”沿线国家的前列，主动通过扩大开放倒逼自身深层次改革，在与当今世界发达国家和地区的竞争过程中形成“一带一路”的新优势。因此，沿海地区不仅要做“一带一路”的排头兵，而且还要做与发达经济体竞争的排头兵，两者是紧密联系不可分割的。所谓“主力军”，是指沿海地区还要担当“一带一路”建设的主力军，在政策沟通、设施联通、贸易畅通、资金融通和民心相通方面承担更多的项目，发挥更大的作用，形成连接东中西，沟通境内外的经济大通道。

从以上可以看出，尽管“一带一路”意在调整区域发展布局，推进“丝绸之路经济带”建设的重点在中西部地区，但东部沿海地区仍然是促进我国区域经济协调发展的重要力量。目前，国内一些人对“一带一路”建设存在多种误解，其中比较典型的观点，就是认为建设“丝绸之路经济带”是西北边境地区的扩大的对外开放，把其看作西部大开发的升级版，从而忽视了东部沿海地区对建设“丝绸之路经济带”的战略支撑作用，割裂了东中西部地区之间的经济联系。从产业梯度推移理论的角度来看，国内建设“丝绸之路经济带”的落脚点虽然在中西部，但战略支撑点仍然在东部地区。

东部沿海地区在引领“一带一路”建设方面具有三个使命：一是要支持内陆地区的“丝绸之路经济带”建设，二是要推动“21世纪海上丝绸之路”的发展，三是要参与发达经济体的国际竞争。从促进区域经济协调发展的角度来看，实际上这三方面的使命是相通的，只不过是在着力点上，东部与中西部地区各有侧重。中西部地区主要是对接“丝绸之路经济带”沿线地区的一些发展中国家，而东部沿海地区主要是对接“一带一路”两端的亚太经济圈和欧洲经济圈中的发达国家，通过建立自由贸易区，参与由一些发达国家发起的世界贸易体系的竞争与合作，为编织全球性自由贸易区网络探索发展路径。

### (二)东部地区在国内的区域分工合作关系

东部沿海地区作为推进“一带一路”建设的排头兵和主力军，在参与和引领国际经济大循环中具有资金、技术、人才、管理等方面的竞争优势。但是，在世界经济复苏缓慢和外贸形势不景气的新形势下，也面临着经济转型升级的严峻挑战。为此，东部沿海地区也需要通过推进“丝绸之路经济带建设”，加强与中西部地区以及地区内部区域合作，进行产业结构的调整与转型升级。

1.东部与中西部地区的分工合作

东部与中西部地区的分工主要体现：一是在推进“一带一路”建设的侧重点上有分工。中西部地区重点是对接陆上的“丝绸之路经济带”建设，而东部沿海地区重点是推动“21世纪海上丝绸之路”建设。二是在参与国际产业链的构建上有分工。中西部地区通过承接东部沿海地区的产业转移逐步实现从中低端产业向高端产业的发展，而东部沿海地区，则是利用产业转移腾出的空间，加快发展高端产业，重点是发展现代服务业和先进制造业，从而实现产业结构的转型升级。

东部与中西部地区的合作主要表现：一是在推进“丝绸之路经济带”建设方面有合作。东部沿海地区虽然重点是推动“21世纪海上丝绸之路”建设，但仍然是建设“丝绸之路经济带”的排头兵和主力军，横贯我国东西三大通道的起点都在东部沿海地区。其中，珠三角是南通道的起点，长三角是中通道的起点，环渤海是北通道的起点，分别引领着东中西部地区三大通道的建设发展。其中，环渤海经济圈内京津冀协同发展，对北通道沿线东中西部地区的分工合作发展具有重要的引领和示范作用。一方面，通过释放非首都功能的产业转移，促进沿线地区经济转型升级；另一方面，通过发展理念和体制机制的创新，有助于提升环渤海经济圈的开放水平和国际化程度。二是在承接产业转移方面有合作。承接产业转移对东部沿海地区是转移，对中西部地区就是承接。如果没有中西部地区的产业承接，东部沿海地区的一些传统产业就转移不出去，很难腾出空间发展现代产业和促进产业转移升级。而没有东部沿海地区的产业转移，中西部地区在一些产业领域就仍然是空白，很难实现中西部地区的崛起。因此，东部与中西部地区之间在承接产业转移方面需要加强区域合作。

2.东部地区内部的分工合作

东部地区内部的分工主要体现在三大增长极在推动“一带一路”建设上应有不同的主攻方向，体现各自的优势和特色。珠三角地区是华侨之乡，具有崇尚经商的优良传统，应在贸易畅通方面发挥主力军作用。长三角地处“一带一路”与长江经济带的交汇处，其中上海还是国际金融中心，应打造成为设施联通和资金融通的主力军。京津冀环渤海经济圈，是我国政治文化中心，可以在政策沟通和促进民心相通方面发挥独特优势。

东部地区内部的合作主要体现在推动“21世纪海上丝绸之路”建设方面应加强区域合作。“21世纪海上丝绸之路”在国内的建设主要是分布在我国的沿海地区，只有加强沿海三大增长极之间以及各重点港口城市之间的合作，才能保证“21世纪海上丝绸之路”在国内的畅通和实现与“丝绸之路经济带”建设的有效对接，并不断向境外沿线地区和国家进行拓展。

## 五、东北地区的比较优势与沿海沿边内陆协同开放合作发展

东北地区是新中国工业的摇篮和重要的农业基地，是全国经济的重要增长极。东北地区北面西面沿边，东面南面沿海，具有沿海沿边内陆协同开放合作发展综合比较优势。

### （一）东北地区参与“一带一路”建设的战略定位分析

“十二五”时期，东北老工业基地振兴取得新的成效，结构调整取得积极进展。但实现全面振兴仍面临不少困难，主要是体制机制的深层次矛盾尚未理顺，加上周期性因素和国际国内需求变化的影响，经济下行压力仍然较大。国家深入实施“一带一路”建设，积极推进环渤海地区合作发展，东北地区以开放促发展促转型迎来重要契机。

2016年11月国家关于《东北振兴“十三五”规划》明确提出：“主动参与推进‘一带一路’建设，加快推进国际产能和装备制造合作，优化对外开放布局，将东北地区打造成为我国向北开放的重要窗口和东北亚地区合作的中心枢纽。”其中，将东北地区打造成为“我国向北开放的重要窗口”，是从国内战略布局角度来讲的；而将东北地区打造成为“东北亚地区合作的中心枢纽”，是从推进更大范围的国际区域合作的角度来讲的。这实际上是国内和国际两个层面的战略目标定位。

### （二）东北围绕打造向北开放的重要窗口的国内地区合作

东北地区围绕打造向北开放的重要窗口的对内地区合作，主要是通过推进中蒙俄经济走廊建设，从而促进东北地区三省一区的协同发展与经济转型升级。其发展重点：一是要创新协同发展机制，进一步提升层次、丰富功能。完善三省一区合作行政首长联席会议制度，推动东北三省和内蒙古自治区规划对接和政策衔接，探索建立行政管理协调机制，共同打造向北开放的重要窗口。建立区域合作、资金保障机制，引导社会资本参与区域合作重点项目。二是要丰富完善协同发展模式，加强内部次区域合作，促进东北东部经济带融合发展，推动东北三省西部地区与蒙东一体发展。全面对接京津冀协同发展，加强与环渤海地区的经济联系。

### （三）东北围绕打造东北亚地区合作的中心枢纽的对外开放合作

东北地区围绕打造东北亚地区合作的中心枢纽的对外开放合作，其主要目的是协调推进东北地区沿海沿边内陆全方位开放，充分发挥沿边近海的综合区位优势，确立东北地区在东北亚地区合作的中心枢纽的战略地位。同时，通过提升开放型经济发展层次，打造开放型经济合作平台，推进东北地区自由贸易区建设，倒逼体制机制的深层次改革创新，为新一轮的东北振兴奠定良好的制度基础。

一是协调推进东北地区沿海沿边内陆开放。进一步发挥辽宁沿海经济带和东北沿边地区的开放带动作用，以主要交通干线为轴线，以沿海港口和沿边口岸为支点，做强开放型经济。深入推进辽宁沿海经济带建设，优化产业布局，提升临港经济发展水平。加快建设大连东北亚国际航运中心、国际物流中心，推进区域金融改革开放。推动沿边开发开放，建设好满洲里、二连浩特、绥芬河—东宁重点开发开放试验区和珲春国际合作示范区。完善边民互市贸易政策，加强边民互市点建设。加强内陆通道建设，打造以装备制造、战略性新兴产业、服务外包等为特色的外向型产业基地。

二是提升开放型经济发展层次。优化对外贸易结构和方式，参与推进网上丝绸之路建设。创新服务贸易管理体制、发展模式，推动服务贸易便利化，推进哈尔滨新区国家服务贸易创新发展试点。优化利用外资结构，大力引进国外高层次人才、先进技术、创新成果、管理经验。

三是打造开放型经济合作平台。继续加强中德（沈阳）企业合作基地建设。建设大连中日韩循环经济示范基地和跨境电商综合试验区。继续在东北地区复制推广自由贸易试验区改革试点经验。加快推动辽宁省自由贸易区建设。办好中国—东北亚博览会、中蒙博览会以及中俄蒙经贸合作洽谈会等各类展会。完善口岸基础设施，推进检验检疫指定口岸建设，完善口岸公共卫生体系。

四是打造边境与跨境经济合作平台。以境内外联动、上下游衔接为要求，积极稳妥推进边境与跨境经济合作区建设。建设农业对外开放合作试验区境外合作平台，通过控股、参股、管理合作等方式，推动边境与境外产业园区建立新型合作模式。

## 六、东中西部地区的互联互通与促进我国区域经济协调发展

区域经济协调发展是指区域之间在经济利益上同向增长，经济差异趋于缩小，以及区域之间存在有效的分工协作。区域经济协调发展是国民经济整体健康发展的重要条件。通过建设“丝绸之路经济带”，扩大中西部地区对外开放，依托通道建设，实现互联互通，将促进各地区经济协调发展。

### （一）建设“丝绸之路经济带”是促进区域协调发展的重要动力

根据国家统计局公布的数据，中国区域经济发展水平存在较大差异，尤其是中西部地区，经济发展水平特别是人均可支配收入仍明显落后于东部沿海地区（见表1）。这不利于经济的长期可持续发展和社会稳定。重要原因之一，就是中西部地区对外开放水平不高。地区开放进度不同，造成了不同的发展速度和发展水平。

**表1　2013—2015年中国东中西部及东北地区人均可支配收入**

单位：元

| 地　区 | 2013年 | 2014年 | 2015年 |
| --- | --- | --- | --- |
| 东部地区 | 23,658.4 | 25,954.0 | 28,223.3 |
| 中部地区 | 15,236.9 | 16,867.7 | 18,442.1 |

续　表

| 地　区 | 2013年 | 2014年 | 2015年 |
|---|---|---|---|
| 西部地区 | 13,919.0 | 15,376.1 | 16,868.1 |
| 东北地区 | 17,893.1 | 19,604.4 | 21,008.4 |

在"十三五"期间，要缩小地区差距，促进区域经济协调发展，关键是要提升欠发达地区的对外开放水平，既包括中西部地区欠发达的省（区、市），也包括东部沿海地区发达省（市）的欠发达县。"一带一路"倡议的实施，特别是推进"丝绸之路经济带建设"，为中国扩大开放和促进区域经济协调发展创造了重要战略机遇，对促进中国区域产业布局调整有重大意义。一方面，它强调提高面向西北的中亚、西亚乃至欧洲的对外开放水平，为中西部地区开拓了新的市场空间；另一方面，也有利于带动产业、技术、资金等资源流向中西部地区，转移当前东部地区生产成本上升和日益增大的转型压力，促进制造业向中西部转移，加强东、中、西部之间的经济联动性[①]，促进区域经济转型升级与协调发展。

### （二）国内大通道建设是促进我国区域协调发展的经脉

"十三五"时期，中国将构建横贯东西、纵贯南北、内畅外通的综合大通道，加强进出新疆、西藏通道建设，构建西北、西南、东北对外交通走廊和海上丝绸之路走廊。2015年3月，商务部等10部门联合印发《全国流通节点城市布局规划（2015—2020年）》，根

① 赵晋平著：《重塑"一带一路"经济合作新格局》，浙江大学出版社2016年版，第184页。

据国家区域发展总体战略及“一带一路”倡议等的部署，结合国家新型城镇化规划、全国主体功能区规划等，确定2015—2020年“三纵五横”[①]全国骨干流通大通道体系。这些为对接“一带一路”的国内大通道建设创造了非常有利的条件，有力促进了中欧班列的运营，是促进对外开放和区域协调发展的经脉，架起了我国各地对外贸易与协同发展的桥梁。

按照规划要求，三大通道主要货源吸引区在国内区域布局中各有侧重与分工。西通道：西北、西南、华中、华南等地区，经陇海、兰新等铁路干线运输。中通道：华北、华中、华南等地区，经京广、集二等铁路干线运输。东通道：东北、华东、华中等地区，经京沪、哈大等铁路干线运输[②]。通过三大通道建设，中欧班列已经成为我国各地对外发展贸易的重要桥梁和纽带。

通过中欧班列三大通道建设及其主要货源吸引区在我国各地的规划布局，可以看出，这与我国《愿景与行动》国内对外开放态势的布局总体上是相吻合的，基本实现了国内大通道建设与国际经济走廊建设的对接。特别是对中西部的内陆地区依托国内大通道，实现“走出去”战略，打造内陆开放型经济高地，具有重要意义。这将有力地促进国内东中西部及东北地区的对外开放及区域经济协调发展。

① “三纵”为三条南北向流通大通道，包括东线沿海流通大通道、中线京港澳流通大通道、西线呼昆流通大通道；“五横”为五条东西向流通大通道，包括西北北部流通大通道、陇海兰新沿线流通大通道、长江沿线流通大通道、沪昆沿线流通大通道、珠江西江流通大通道。

② 参见2016年发布的《中欧班列建设发展规划（2016—2020年）》。

### （三）四条经济带建设是促进我国东中西联动发展的纽带

在“一带一路”框架下，随着我国对外开放的发展、区域发展总体战略的深入实施、“丝绸之路经济带”建设的推进和从东到西承接产业转移加快发展，目前我国从南到北正在形成四条横贯东西的经济带，即珠江—西江经济带、长江经济带、新亚欧大陆桥经济带和京津冀—呼包银经济带。这四条经济带的共同特征为地理上是相互连接的带状区域，都是相互联系的便利通道，带内地区之间具有垂直分工的现实基础，彼此之间以互补性经济结构和协作性经济关系为主[①]。

珠江—西江经济带规划范围包括广东省的广州、佛山、肇庆、云浮4市和广西壮族自治区的南宁、柳州、梧州、贵港、百色、来宾、崇左7市，区域面积16.5万平方千米。同时，根据流域特点，将广西桂林、玉林、贺州、河池等市以及西江上游贵州黔东南、黔南、黔西南、安顺、云南文山、曲靖的沿江地区作为规划延伸区[②]。目前，广东、广西两省区正在加快推进区域经济一体化，以粤港澳大湾区为龙头，探索我国跨省区流域经济合作发展新模式。

长江经济带各省市正在齐心协力，依托沿江较多的城市群和国家级新区建设，促进区域分工合作，通过推进港口、城市和产业的联动发展与转型升级，争取把长江经济带建设成为具有全球影响力的内河



① 参见李本和著：《促进中部崛起与区域经济协调发展》，人民出版社2009年版，第118页。

② 参见2014年发布的《珠江—西江经济带发展规划》。

经济带、东中西互动合作的协调发展带、沿海沿江沿边全面推进的对内对外开放带、生态文明建设的先行示范带。其中，用好海陆双向开放的区位资源，培育内陆开放高地，加强与“丝绸之路经济带”及“海上丝绸之路”的衔接互动，把扩大对外开放合作与促进内陆地区发展有机结合起来，是长江经济带建设的重要内容之一。

新亚欧大陆桥经济带东起连云港，西至新疆的阿拉山口，贯穿10个省区的主要中心城市，面积360万平方千米，占全国的37.5%。新亚欧大陆桥经济带是以沿线中心城市为依托，以经济协作区为平台，由铁路、公路、航空、光缆、管道等综合运输大通道组成的经济密集带。特别是新亚欧大陆桥南干线的建设，为新亚欧大陆桥经济带的发展增添了新的动力。新亚欧大陆桥经济带是我国推进“丝绸之路经济带”建设的主轴，也是联通中国—中亚—西亚经济走廊的重要通道。规划建设好我国新亚欧大陆桥经济带对促进东中西联动发展和我国区域协调发展具有重大战略意义。

京津冀—呼包银经济带是横贯东北、华北、西北的经济纽带，是以环渤海经济圈为龙头，以京津冀城市群和呼包鄂榆城市群为依托，由京包、集二等干线运输通道组成的经济带，也是推进京津冀城市群协同发展和经济转型升级的重要腹地。雄安新区的建设将为其提供新动力。这条经济带虽然覆盖地区面积不大，也不如其他三条经济带那样条件成熟，但在推进我国“丝绸之路经济带”建设中的战略地位非常重要，是联通中蒙俄经济走廊的重要大通道，也是促进我国东中西联动发展及其与东北地区协调发展的关键环节，同时也是促进我国沿海沿边内陆地区全方位对外开放合作发展的重要试验区。

总之，在“一带一路”框架下推进“丝绸之路经济带”建设，使我国区域开发开放格局有了新的空间组合，并体现出新的时代特征。四大区域板块的战略定位也出现了新的变化，区域分工合作将会越来越紧密和细化。对外开放的扩大、国内大通道的建设、中欧班列的开通以及四条经济带的形成，将使我国东中西部以及东北地区从分区推进向联动发展、协同发展转变，区域之间的竞争将被更多的区域分工合作所代替，一个全新的促进我国区域经济协调发展的格局正在形成。

# 长江-伏尔加河区域合作机制研究①

## ——以安徽省人文经贸合作为例

◇吴世红

**内容提要**：长江中上游地区与伏尔加联邦区合作（简称“两江合作”）是继我国东北地区同俄罗斯远东及西伯利亚地区合作之后的又一区域合作，它涉及中俄20个省州行政单位，是一种新型的国际区域多主体合作。本文在总结、回顾两江合作历史的基础上，尝试探讨如下两个问题：一是两江合作的机制结构及特点，二是影响合作机制的各种因素。在此基础上结合安徽省现行的对俄人文合作实践，提出一些具体的合作机制构想。

**关键词**：“长江-伏尔加河”区域合作　两江合作机制　安徽对俄人文合作

## 前　言

吴世红，安徽师范大学外国语学院副教授，主要研究领域为俄语语言学、国别区域研究。主持教育部国际合作与交流司

2017年6月16日下午，国务委员杨洁篪在第四届中俄“长江-伏尔加河”青年论坛闭幕式上表

① 本研究系教育部国际合作与交流司2017年基础课题“长江-伏尔加河流域合作机制研究”概述部分内容，该课题已于2018年7月结题，全部资料信息截至2018年4月底，收入本书时表达有所调整。

示，在两国领导人的战略引领下，“长江-伏尔加河”机制，运转卓有成效，务实合作取得重要成果，辐射效应日益显现，为丰富两国关系内涵和推进双边合作发挥了积极作用。同日，伏尔加联邦区总统全权代表巴比奇接受塔斯社记者采访时也认为，中俄两江合作机制正在加速运转，并积累了解决问题的成功经验。那么两江合作机制到底是一种什么性质的机制？它有怎样的主体结构、形式和运行渠道？哪些地方还可以作进一步完善？本文将对这些问题进行探讨。由于篇幅所限，只针对安徽省人文经贸领域来探讨这些问题。本文使用的一些提法不同于其他研究者的相关用法，这里特做说明：①本文将“长江-伏尔加河合作机制”简称为“两江合作机制”；②伏尔加河沿岸联邦（管）区，本文称为“伏尔加联邦区”。

课题“长江-伏尔加河区域合作机制研究——以安徽省对俄人文经贸合作为例”。

## 一、中俄两江合作机制的形成及内涵

### （一）中俄两江合作机制的出台

2012年4月下旬李克强总理访俄，29日在俄罗斯鞑靼斯坦共和国首府喀山，携中国有关省市负责人与伏尔加联邦区领导人举行座谈，双方就加强中俄地区深入合作交换了意见。李克强指出，为落实今后十年中俄两国关系发展规划和提升中俄全面战略协作伙伴关系，必须调动中央和地方政府的积极性，通过合作与扩大开放来取得进步。他指出，伏尔加联邦区地理位置优越，拥有强大的工业基础、先进的科研力量，它们展现出来的生命力和创造力以及潜在的能力为深化中俄区域合作提供了良好条件。会上，李克强就继续扩大中俄区域合作提出三方面建议：国家层面积极促进地区合作，凝练合作优先领域，完善合作机制。李总理的此番讲话可以视为中俄两江合作启动标志。

2013年5月14日，中国长江中上游地区与俄罗斯伏尔加河沿岸联邦区合作地方领导人圆桌会议在武汉召开，中国国务委员杨洁篪和俄罗斯总统驻伏尔加联邦区全权代表巴比奇与会并签署了《长江中上游地区与伏尔加河沿岸联邦区开展合作的议定书》（以下简称《议定书》）。会议还有一个决定，即成立由外交部副部长程国平和俄罗斯总统驻伏尔加联邦区副全权代表苏霍夫牵头的两地区合作工作组。

"武汉会议"明确了中俄两江合作机制的主体框架、工作内容与工作方式，这标志着两地区合作机制基本形成。正如两江合作工作组中方组长程国平先生所强调的那样，"中国长江中上游地区和俄罗斯伏尔加联邦区两地区合作机制，是中俄两国首个非毗邻地区合作机制，开创了两国地方合作的新模式，对推动中俄全方位合作、促进两地区经济社会发展、增进两地区人民之间的传统友谊、深化中俄全面战略协作伙伴关系具有重要意义”[①]。

2013年10月发布的《中俄总理第十八次定期会晤联合公报》（以下简称《公报》）明确表示：“双方欢迎建立中华人民共和国长江中上游地区和俄罗斯联邦伏尔加河沿岸联邦区合作机制，支持进一步深化两地区经贸、投资和人文领域互利合作。”《公报》从国家层面肯定了两江合作机制的建立，同时也可以看出，国家对合作的机制和基本框架给予了确认。

## (二)两江合作的机制架构

所谓机制，“泛指一个工作系统的组织或部分之间相互作用的过程和方式”[②]。就两江合作机制而言，这个“工作系统的组织或部分之间相互作用的过程和方式”在2013年5月的“武汉会议”《议定书》中便已作明确规定：中俄两江流域合作为中俄地方领导人定期会晤机制的组成部分，由中华人民共和国国务院主管外交的国务委员和俄罗斯联邦总统驻伏尔加联邦区全权代表牵头，中国外交部、国家发展改革委和俄罗斯联邦总统驻伏尔加联邦区代表处负责协调、组织工作，中方长江中上游地区6省市和俄伏尔加联邦区14个联邦主体共同参与，商谈制定两地区合作规划纲要。原则上双方每年轮流在中俄两国举办两地区地方领导人座谈会，重点讨论推动两

①《中国长江中上游地区和俄罗斯伏尔加河沿岸联邦区合作工作组第一次会议在渝举行》，《重庆日报》2014年2月26日，第1版。

② 中国社会科学院语言研究所词典编辑室编：《现代汉语词典》（第7版），商务印书馆2016年版，第600页。

地区在经贸、投资、能源、机械制造、加工生产、科技、创新、文化、教育、卫生、旅游、体育等领域的合作，充分发挥双方优势，促进共同发展[①]。我们可以用图1表示。

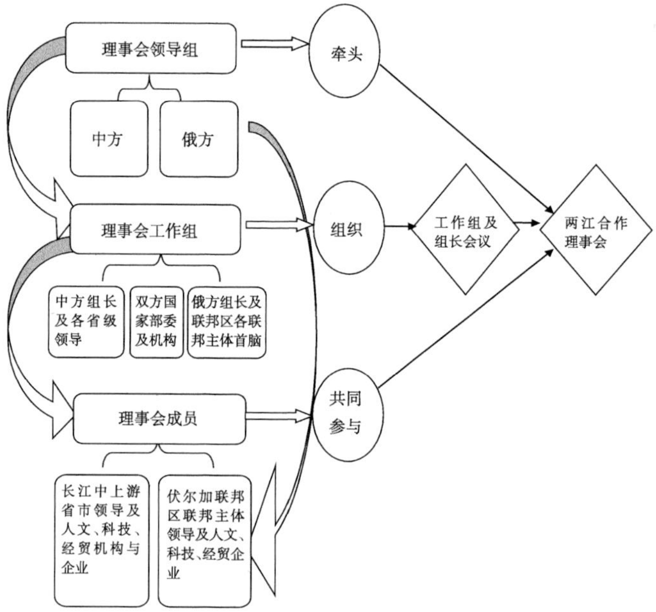


图1　中俄两江合作机制

注：1.“▭”表示结构层面。

2.“□”表示组织成员。

3.“○”表示组织功能。

4.“⌒”表示包含关系。

5.“↶”表示领导关系

6.“◇”表示平台形式。

① 李静著：《六省市参与中俄两河流域合作机制下的合作情况》，《重庆与世界》2014年第2期，第20—21页。

1.理事会领导组

最初称为“座谈会”或“圆桌会议”，2016年起更名为“理事会”。主管中俄两江合作，代表两国政府确认工作组提出的合作方案，督促落实两国高层领导达成的合作协议，主持召开理事会会议，对工作组的工作进行指导。

2.两江合作工作组(组长)

“两江合作工作组”于2013年5月在“武汉会议”上成立，由我国外交部副部长程国平和俄罗斯总统驻伏尔加联邦区副全权代表苏霍夫牵头。工作组是理事会的主要工作机构，其工作内容是组织两地区合作主体与相关机构进行协商、协调，确定两江合作的具体内容，就下一轮的理事会会议准备工作进行磋商，同时还会就中俄国家层面交流事宜进行讨论。如，2014年2月在重庆召开的工作组第一次会议上，双方共同协商制定两地区投资项目清单和人文领域合作路线图，讨论了当年6月在俄罗斯举办的中俄两江合作领导人第三次座谈会工作，并就当年5月俄罗斯总统访华工作做准备①；2014年12月23日在乌里扬诺夫斯克举行的工作组会议不仅商讨了经贸项目合作，还讨论了在当地优先开展针对中国游客的“红色旅游”项目，并就2015年俄罗斯举办文学年之际如何开展两江地区人文合作项目等事宜交换了看法。

除双方组长外，与会的还有两国相关部委和地方合作主体的高

① 唐纲、谭舒著:《中俄两河流域合作工作组会议在渝举行　共同协商制定两地区投资项目清单和人文领域合作路线图并签署会议纪要》,《重庆与世界》2014年第4期,第6—7页。

层领导，如2014年2月的重庆工作组会议，中方出席的有外交部官员，全国友协、国家开发银行领导，重庆、安徽、湖北、湖南、江西、四川等6省（市）领导，俄方成员有俄总统驻伏尔加联邦区全权代表机构、俄外交部、文化部、地区发展部、经济发展部、青年事务署官员，俄驻华使馆、联邦区14州（共和国）领导，以及双方企业家代表等。

3.两江合作理事会

理事会是中俄两江合作各方磋商与合作的主渠道和平台。2013年刚提出两江合作之际，理事会被称为“中国长江中上游地区和俄罗斯伏尔加河沿岸联邦区地方领导人座谈会”或称“中国长江中上游地区和俄罗斯伏尔加河沿岸联邦区地方领导人圆桌会议”，2016年7月在俄罗斯乌里扬诺夫斯克正式更名为“中国长江中上游地区和俄罗斯伏尔加河沿岸联邦区合作理事会”，并召开了首次会议，2017年6月在中国合肥举行了理事会第二次会议。两江合作理事会最大程度地吸纳了中俄两江区域合作参与者。除理事会领导、理事会工作组、理事会各合作主体成员外，还有中俄两江地区的科教文卫经贸商等行业和企业代表。

理事会大会每年一次，两江地区轮流举办。大会期间理事会要对各地区一年的工作进行总结，签署新的文件和合作协议，两地区根据这些文件和协议展开合作。大会还要就双方合作中出现的问题进行磋商。

4.两江合作的成果

从2012年4月的俄罗斯“喀山会议”到2017年6月的“合肥会

议”，两江合作成果丰硕。据俄方工作组组长苏霍夫介绍，截至2017年12月，中俄两国两江地方政府层面已经签订了38项涉及经贸、科技以及人文合作框架协议，其中11项是在2017年签订的；双方确定了19项优先投资项目，涉及农业、建筑、汽车、工业生产、信息技术和物流方面；另外俄方提交了56个投资项目、100条双边协作建议供中方参研。在人文领域，几年来双方在教育、文化、旅游、青年政策等方面已经有40项活动实施，其中包括高校师生交流、联合培养学生、同安徽签订在楚瓦什共和国国家图书馆建设“中国信息文化中心”、伏尔加联邦区的“红色旅游观光”。

伴随着这些协议和项目的落实，两江合作理事会在不断发展与完善，它日益成为中俄双方合作的重要渠道和平台。以“武汉会议”（2013年5月）为例，当时主要是“伏尔加河沿岸联邦区地方领导人及俄驻华使馆代表，湖北省、江西省、安徽省、湖南省、重庆市、四川省，以及国家有关部门负责同志出席会议”。时隔一年的“萨马拉会议”（2014年6月）增加了“‘长江-伏尔加河’青年论坛”，中方五省一市派出了150名青年参加活动，极大促进了两地区青年的交流。及至2017年6月的“合肥会议”，又成立了中俄“‘长江-伏尔加河’高校联盟”，中俄双方共有63所高校参与其中。两江合作理事会正在把两国高层领导提出的“支持进一步深化两地区经贸、投资和人文领域互利合作”[1]的主张变为现实。



①《中俄总理第十八次定期会晤联合公报》,《人民日报》2013年10月23日,第3版。

## 二、影响合作机制的几个问题

总体而言，自2012年4月提出两江合作构想到2017年6月第二届理事大会召开，两江合作机制渐趋健全，真正实现了两地区各合作主体经贸人文合作“动起来”的局面。但就目前情形看，如下几个方面的问题如果解决不好，就有可能影响两江合作效果。

### （一）机制运行效能问题

如前文所说，两江合作机制几年来运作基本顺利，取得不少成果。但毋庸讳言，也存在一定问题。比如每年理事大会都要签订不少项目，但是有些离真正实施还有一段距离。例如，巴比奇在2017年6月16日接受塔斯社记者采访时说两江合作以来，已经签订了68个投资项目，其中有21个已经实施，还有47个后续跟进实施；另外77个人文项目，有40个已经实施，如教育联合培养、师生交流、文化等。这虽然是一个成绩，但也意味着还有近一半的项目有待实施，这说明机制效能有待提高，合作项目既要重数量，更要重质量。

### （二）投资兴趣点差异问题

两江合作从一开始就明确了总体范围：经贸，科技与人文。但从这几年的情况来看，中俄双方合作兴趣点并非完全吻合。就俄方来说，他们在经贸方面，尤其在我方企业投资方面表现出强烈合作愿望。以2017年在合肥召开的第二届两江合作理事会大会为例，俄方一下子就提出了100项双边协作新提议交中方讨论。而我方地方政府与企业对开展与俄经贸投资合作积极性并不高。省外办鲍志松副处长明确表示“目前仍以人文交流为主，经贸交流为辅”。双方这种认识上的明显差距原因总体来说在于以下几个方面。

1.就俄方来看

（1）自2014年以来，俄罗斯政府主导下的第三方非商业评价机构——“战略倡议评价机构”（Агентство стратегических инициатив）每年都会对各联邦主体在招商引资方面的政绩做一个全国排名，以此来评价各地方政府在这方面的工作业绩，这在一定程度上导致各联邦主体在招商引资方面产生竞争。

（2）伏尔加联邦区总体上经济还比较薄弱，是俄罗斯相对贫困的地区之一[①]，合作起来配合难度大。即便是该区经济实力强大的下诺夫哥罗德州，其交通设施、居民住房、福利设施乃至工资收入等方面的问题很突出，需要资金解决，因此他们自然希望中方能更多地投资。

2.就中方来看

（1）如上所说，伏尔加联邦区总体上经济还比较薄弱，尤其是基础设施条件差，道路、通信、网络、金融等服务体系落后，加上

① 2015年1月19日俄罗斯不少网站报道了俄罗斯国立财政金融大学研究机构的一项社会调查：评选俄罗斯最贫穷城市，结果在10个城市中，伏尔加联邦区占3个，分别是排名第一的萨马拉州的陶里亚蒂市、排名第三的奔萨州的奔萨市和排名第五的萨拉托夫州的萨拉托夫市。

当地民众观念意识不同，使得我方投资者积极性不高。

(2) 近些年来俄罗斯部分地区对来自中国的投资显示出一定的“排斥”心理，这也导致我方企业和政府部门对俄合作态度变得谨慎。

总之，尽管俄罗斯各级政府开放合作热情高涨，但是其基础设施差，基层群众对国家政策方针不够了解，对加快当地经济发展的各种招商引资政策并不完全理解与认可，因此我方对投资合作态度谨慎。这种兴趣点的差异问题一定要解决好，否则会阻碍合作机制的有效运行。

### (三)“陌生感”问题

造成中俄两地区合作主体兴趣点差异除了上述所提及的原因之外，还有另一个原因也不可忽视，即我方合作主体对伏尔加联邦区存在心理“陌生感”。这种“陌生感”与两江合作是相伴而生的，原因在于两地区为“非毗邻地区”。毗邻区与非毗邻区合作最大区别在于合作双方的熟悉度不同。目前中俄地方“毗邻地区合作”指我国东北地区与俄联邦远东及东西伯利亚地区合作。这个地区由于有地缘关系，两地民众比较了解，合作起来也容易些，因此重点可以放在科技经贸、基础设施建设投资等方面[1]，而两江地区则不然，民众相互了解不多，要想在短期内进入实质性合作自然有难度。

① 参见陆南泉著:《中俄区域合作重点应放在哪里？》,《学习时报》2011年9月26日,第2版。

### (四)合作分机制问题

两江合作内容广泛，合作主体众多，因此必须分人文、经贸等合作专题，设相应机构来协调解决。这就涉及建立合作分机制问题。例如，伴随着一年一度的两江合作理事会大会，中俄“‘长江-伏尔加河’青年论坛”也随之开展活动。2017年在合肥举办了第四届论坛；2017年在合肥成立了“中国长江中上游地区和俄罗斯伏尔加河沿岸联邦区高校联盟”，随后成立了“中俄‘两河流域’高校联盟中方工作组秘书处”。这些活动实际是两江合作内容方面的细化，是朝着分机制化方向发展的，因此合作分机制建立顺理成章，越是早日形成分机制，越有利于双方合作。

### (五)我方参与单位之间的沟通渠道问题

中俄两江合作中人们关注更多的是中俄合作机制问题，如理事会领导、工作组和理事会大会等，但是参与合作的双方内部各成员单位之间的协调、协商机制的运作却容易被忽视。俄方伏尔加联邦区是一个统一的行政区域单位，它设一名直接对总统负责的总统全权代表，另外配有几名副全权代表，有一套完整的运作机制，负责检查和督促中央政府的各项政策和措施在该区各联邦主体内的实施情况。反观我方的五省一市，它们只是在地域上天然地联系在一起，形成长江中上游地区，在管理方面则缺乏统一的区域行政机构。目前虽然有“中俄‘两河流域’合作机制中方工作组联络员”工作平台，但它也只是一个协调机构，主要做工作组（组长）会议和合作理事会大会的召开进行中方参与主体的协调工作。因此要拓宽我方沟通渠道，加强对俄合作中的协调性，否则可能会出现问题。这方面已经有研究者注意到了[①]。我们认为，可以考虑借助国家长江经济带建设的契机，整合长江中上游五省一市的对俄合作工作。

## 三、基于安徽省的两江人文合作机制分析

目前在两江合作框架内，尤其是在友好省州框架下，安徽与俄方进行的合作中人文项目很多。有政府各部门主导的合作项目，如俄罗斯高级公务员研修班、两江青年论坛，也有安徽的文化、旅游等部门开展的合作。还有高校系统的交流，如安徽师范大学与下诺夫哥罗德米宁大学、安徽大学与萨马拉大学的校际合作。此外还有一些地市外办拟于近期与伏尔加联邦区的省州友好单位开展中学生交流活动[②]。如何建立一整套机制来保障这些活动能长久、持续开展下去是一个问题。

本文认为，有必要借鉴两江合作机制，建立安徽省的对俄合作交流的总分机制。所谓总分机制是指首先有一个总体组织机构，在这个机构下设立各分支机构。根据前文对两江合作机制的框架总结，我们尝试从组织机构、功能、参与主体三个方面来描述一下总分机

① 李本和著:《中俄“两江合作”的安徽实践与对策研究》,《安徽日报》2017年7月10日，第7版。

② 笔者及团队调研的合肥市外事办、芜湖市外事办均有这种意向。

制的机构组织。

## (一)总体机构

第一，安徽省对俄工作负责人由省领导担任，受省委外事工作领导小组直接领导，全面主管安徽省对俄合作，负责中俄两江合作理事会中方工作组安徽省与兄弟省市工作协调工作。如围绕合作主题负责人根据上级领导以及两江合作理事会有关要求和统一安排进行工作布置，督促落实；对地方合作的重要事宜，负责人在省外事工作领导小组指导下，带领安徽对俄工作组与兄弟省市相关机构协调，组织落实好安徽省的工作任务；主管安徽省对俄结缔省州友好关系工作；听取安徽省对俄工作组工作汇报，并向省委外事工作领导小组汇报有关工作。

第二，安徽省对俄工作组由省外办相关负责同志牵头，出任组长，成员由省发改委、教育厅、文化厅、商务厅、体育局等各职能部门组成，在省对俄工作负责人的领导下具体负责安徽省对俄合作事务，在对俄工作负责人的领导下参加两江合作理事会大会的协商工作，负责安徽省与其他兄弟省市的对俄合作协调工作；负责友好省州方面的合作事务，组织好全省对俄合作工作；负责省政府的专项对俄事务，如“中俄公务员进修班”等。

第三，安徽省对俄合作主体主要由企事业单位组成，比如文化、科技、教育、卫生、体育和旅游单位等，统一接受对俄工作组领导，根据工作组安排，不同程度地参与两江合作理事会大会，与俄方的企事业单位直接对接，开展项目合作。

### (二)分机构

人文合作是一个比较宽泛的说法，以中俄人文合作委员会的工作内容来看，涵盖教育、文化、卫生、体育、旅游、媒体、电影和档案等方面，并且这些方面基本各自都形成了分会，建立了分机制。基于安徽省的特点，我们至少可以成立如下几个分支机构。

第一，以省文化厅为主导的对俄文化交流机构。由省文化厅负责牵头组织全省各地市文化单位开展交流。如徽州文化、徽派艺术展览、徽商文化、黄梅戏等都值得向俄罗斯介绍，同样俄罗斯伏尔加联邦区乃至整个俄罗斯的文化艺术，尤其是舞蹈、音乐、绘画、文学等可以向安徽省介绍。

以中俄两江合作为平台的文化交流对中俄两国关系发展有着巨大促进作用，能使两个国家“亲起来”。20世纪50年代中苏那段“蜜月期”对中国产生的巨大影响，在很大程度上要得益于苏联文学、音乐、舞蹈等在中国的传播，因此文化交流非常重要。

第二，以省教育厅为主导的教育交流机构。由教育厅外事办公室牵头组织全省高校和中学的对俄合作事务，其中包括一年一度的中俄青年论坛、中俄高校联盟活动、高校合作和师生交流项目、中俄互派留学生事务、中学生交流项目等。目前在吸引俄罗斯留学生方面，黑龙江省设立了专门奖学金，安徽省教育厅也可以考虑在这方面开拓工作。

第三，以省旅游局为主导的旅游交流机构。安徽省不仅是文化强省，也是旅游大省，黄山、九华山、天柱山等驰名中外，对俄罗斯游客很有吸引力。而俄罗斯伏尔加地区同样具有很强的吸引力，不少地方针对中国游客也打起“红色旅游”牌，比如乌里扬诺夫斯克州就设立了列宁故乡的“红色旅游”线路。旅游部门在这方面如果组织好，对安徽与俄罗斯地区的合作会起到引介作用。

在我们这个分析框架下，教育与文化部门、文化与旅游部门有工作重合的地方[①]，应该在省外办主导下协调工作。

## (三)关于教育合作

教育厅在两江合作中有两个重要工作，其一是组织好中俄青年论坛，其二是搞好高校合作。举办中俄青年论坛是中俄双方领导人作出的决定，自2014年起，双方轮流举办。参加这种论坛活动的都是中俄高校里的青年学生，中俄高层都非常重视，因为中俄两国未来的发展就看双方是否培养了一批相互友善、相互了解的年轻人。因此，这是一项政治任务，必须完成好，而两江合作框架下的“高校联盟”是一个很好的工作平台。目前[②]中俄两江地区共有65所高校参加这个联盟，其中中方五省一市有29所，俄方14个联邦区有36所。就安徽省而言，我们认为，应以安徽师范大学、安徽大学等有俄语教学点的高校为主，其次考虑对俄有人文科技合作的高校，

① 根据国务院大部制改革精神，原安徽省文化厅与旅游局已经合并为“安徽省文化和旅游厅”。

② 数据截至2018年4月。

例如中国科技大学、合肥工业大学、安徽中医药大学等。就学生选拔而言，除了政治素质、语言修养外，也应该考虑学生特长，这样能向俄罗斯学生展示我们青年人的精神风貌和当代中国青年的综合素质。

中俄高校合作包括教师培训、学生代表团互访、互派留学生、学科项目合作等工作。以安徽师范大学为例，自2014年安徽与下诺夫哥罗德州建立省州友好关系以来，该校与米宁大学便建立起密切的校际合作联系，双方每年各有两批次学生团互访，共计40人次。这种密切的活动不仅加深了两校学生的相互了解，更为“留学安徽”带来实际成效。目前米宁大学有13名学生在安徽师范大学留学，他们都曾是学生互访团的成员。安徽师范大学每年利用假期派遣办学骨干去境外接受培训，其目的地之一就是米宁大学，截至2017年已经培训了五批，2018年第六批教师去米宁大学接受培训也已经选定。师生交流加深了两校互信，推动了深度合作，目前安徽师范大学与米宁大学有一批合作项目正在展开，这是高校迈向国际合作的重要一步，相信会对安徽师范大学引进优质教学资源、拓宽办学渠道、提升办学水平有很大帮助。

目前，安徽高校对俄合作基本是各自为政，没有统一计划和安排，这不利于将来进一步的深度合作。省教育厅应该担负起组织者、协调者的角色。首先，建议以安徽师范大学和安徽大学这两个有俄语教学点的高校为核心，将对俄高校合作组织起来，定期进行交流、研讨，总结经验，为扩大对俄高校合作范围提供借鉴；其次，配合两江合作理事会大会召开，以“高校联盟”为平台，举行安徽省中俄双方合作高校领导座谈会，协调合作工作，解决问题，密切合作关系。

教育厅还可以通过省外办，与企业进行合作，设立“留学安徽”专项奖学金，鼓励俄罗斯学生来皖留学。另外，还可以引导企业与高校合作，在俄方合作高校里设立奖学金，鼓励学生学习汉语，或为来安徽省就学的留学生提供资助。

至于中学交流，教育厅可以联合省外办，考虑发动各地教育行政部门在政府外事办指导下与俄方进行合作交流，先期可以是各类考察、学生团互访，在此基础上，考虑发展教育资源方面的合作。

## 四、余论

本文认为，中俄两江人文经贸合作机制应该总结如下。

第一，合作模式：政府引领，科教文卫主导，高校及文化团体为主体。

第二，合作路径：校际合作，文化社团合作交流。

第三，合作渠道：两江合作理事会，中俄高校联盟。

第四，合作原则：人文交流优先，经贸合作度势而行。

习近平在十九大报告中指出：加强中外人文交流，以我为主、兼收并蓄。推进国际传播能力建设，讲好中国故事，展现真实、立体、全面的中国，提高国家文化软实力。这应该成为我们对外进行人文合作的指导原则。在未来一段时间内，在中俄合作双方的“陌生感”消除之前，人文合作将是两江合作的工作重心。

# 中俄两江经贸合作性质及路径的选择

◇江争红

**内容提要**：中俄“长江-伏尔加河”合作机制虽然比“一带一路”倡议提出稍早，但“一带一路”倡议与其一脉相承。从合作性质上来看，中俄“长江-伏尔加河”合作属于非毗连跨境次区域经济合作；从合作目标上来看，目前没有区域经济一体化的目标要求；从合作路径上来看，更适合采取贸易便利化的合作，从而在合作上具有更加松散、更少约束、更加灵活、更加开放和包容的特征，与我国当前构建海陆统筹、东西互济、面向全球的开放新格局和优化经济发展空间的战略构想相一致。

**关键词**：中俄“长江-伏尔加河”合作　次区域经济合作　贸易便利化

## 导　言

江争红，女，安徽师范大学经济管理学院副教授，历史与社会学院在读博士。

人类进入21世纪后，全球金融危机和经济危机带来国际贸易量的下降、国际直接投资的萎缩以及人员国际正常流动的受阻，标志着世界经济全球化在当前面临前所未有的困难。贸易保护主义在危机下盛行，贸易战一触即发，全球范围的经济秩序和经济规则受到挑战。基于此，各国纷纷走向双边和多边主义，世界格局正在经历深刻变革，为世界经济的未来走向带来众多的不确定性。在此背景下，习近平主席在2013年9月、10月分别访问中亚和东南亚时提出“一带一路”倡议，目的是通过加强国际合作，对接彼此发展战略，实现优势互补，促进共同发展。2013年5月，为推动中国长江中上游地区和俄罗斯伏尔加河沿岸联邦区经贸和人文合作，两地区合作机制正式启动，这是中俄首个非毗连次区域合作机制。从时间节点上来看，中俄“长江-伏尔加河”合作机制的提出比“一带一路”倡议要早，但是在提出的国际背景和目的上，“一带一路”与其是一脉相承的。中俄“长江-伏尔加河”次区域合作机制自2013年提出至今已有八个年头，两区域合作的实践成效明显，但相较于日益频繁的合作往来，以及常常见诸报端的合作事项，以中俄“长江-伏尔加河”合作（或中俄两河流域合作、中俄两江合作）为研究对象的相关研究工作与经验

研究领域为国际贸易、中国近现代贸易史。

总结相对滞后和缺乏。赵健哲等[①]以国际政治的非毗连次国家政府群国际合作为视角对中俄两河流域合作成因进行了分析，并对合作前景进行了展望，认为中俄两河流域合作的形成来自其合法性、必要性的支撑。对于未来发展而言，两地区应重视合作可行性方面的现存问题，在互联互通、信息共享与运行机制上加强建设。杜妮妮[②]以跨文化认同理论为视角，分析了中俄“两河流域”合作现状，并探讨了“两河流域”构建跨文化认同的现实意义。而从经济学视角对中俄“长江-伏尔加河”合作的性质、意义以及合作路径的研究目前几乎没有。本文拟从“一带一路”视角对中俄“长江-伏尔加河”次区域合作的意义、性质以及合作的路径做出一定的分析，试图从理论的角度加强对中俄次区域合作的认识，为进一步合作的深化及合作的实践提供一定指导。

## 一、中俄“长江-伏尔加河”合作性质的界定

中俄“长江-伏尔加河”合作是由中方长江中上游地区6省市和俄伏尔加河联邦区14个联邦主体共同参与的一种非毗连次国家政府群国际合作。但从经济合作形式来看，中俄“长江-伏尔加河”合作的性质目前无论是学术界还是政府层面都没有明确的界定。

① 赵健哲、葛静静著:《中俄两河流域合作成因分析及前景展望——以非毗连次国家政府群国际合作为视角》,《理论观察》2015年第11期,第75—78页。

② 杜妮妮著:《中俄“两河流域”地区合作过程中的跨文化认同研究》,《现代交际》2015年第7期,第58页。

### (一)中俄“长江-伏尔加河”经贸合作不是区域经济一体化

从国际区域经济合作实践来看，主要存在两种形式，一种是区域经济一体化，一种是次区域经济合作。其中区域经济一体化是自二战结束以来世界范围内最主要的一种区域合作形式。它以两个或两个以上相邻国家中央政府为参与主体，具有明确的排他性和歧视性。区域经济一体化可以采取不同的形式，目前国际上较为一致的分类是根据李普西基于区域内要素的流动性、制度的协调性等一体化程度的不同自低至高分为优惠贸易安排、自由贸易区、关税同盟、共同市场、经济联盟和完全的经济一体化。无论是哪种形式，区域经济一体化都是以相邻或不相邻国家为参与主体而进行的功能上的一体化和制度上的一体化过程。从合作内容上来看，区域经济一体化着重消除参与成员国之间商品、要素流动的关税与非关税壁垒，实现商品要素的区域内自由流动，实现资源在区域内的最佳配置，同时各参与国基于一体化程度要求的不同在制度上做不同程度的协调与统一。无论何种形式的区域经济一体化都对区域外非成员国存在排他性和歧视性。中俄“长江-伏尔加河”合作是以双方多个次国家政府为主体的一种合作机制，具有开放和非排他性，合作机制较松散，没有功能上一体化也不存在制度上一体化的硬性要求。从这个角度来看，中俄“长江-伏尔加河”合作机制显然不属于区域经济一体化的任何一种形式。

### （二）中俄“长江-伏尔加河”合作不是毗邻的跨境次区域经济合作

次区域经济合作是20世纪80年代末90年代初，出现在东亚地区的一种较为灵活的国际经济合作形式。“次区域经济合作”这一叫法源自1989年时任新加坡第一副总理吴作栋提出的“增长三角”[①]。1993年，亚洲开发银行的经济学家在此基础上提出次区域经济合作的概念，认为“次区域经济合作是包括三个或三个以上国家的、精心界定的、地理毗邻的跨国经济区，通过利用成员国之间生产要素禀赋的不同来促进外向型的贸易和投资”。东亚次区域经济合作的实践表现为通过生产要素在“次区域”地缘范围内的流动，实现生产资源的有效配置，从而给合作的各方带来共同的经济利益。这种合作具有某些区域经济一体化的特征，却不是当前普遍存在并公认的区域经济一体化形式中的任何一种，即使是最低级的优惠贸易安排形式。次区域经济合作大多由相应国家支持，以成员国地方政府作为合作主体，并具有良好的开放性，不具有排他性和歧视性；次区域经济合作更强调跨境次区域之间的广泛合作，对于制度性一体化要求较低，基本没有硬性要求，因此在关税、非关税减免和制度合作上几乎不做规定。不同于区域经济一体化发展在功能性一体化和制度性一体化上的硬性要求，“次区域合作程度的加强主要体现在它

① 柳思思著:《“一带一路”:跨境次区域合作理论研究的新进路》,《南亚研究》2014年第2期，第1—11页。

的可扩展性上，包括‘自身空间领域的直接延扩’或‘通过溢出效应和扩散效应向区外国内腹地辐射，带动成员国内其他地区经济发展’两个方面[①]。目前较为典型的如大湄公河次区域合作、中亚次区域经济合作和大图们江流域经济合作等。

因此，从以上国际经济合作的性质上来看，中俄“长江–伏尔加河”合作应该属于跨境次区域经济合作。从80年代以来的东南亚和东北亚跨境次区域经济合作的实践来看，跨境次区域经济合作经历了一个从强调合作的双方或多方是地理毗邻的边境区域到不再强调地理上毗邻的过程。初期实践中，次区域经济合作在空间上，运用相毗邻的边境区位的独特性，把边境对经济发展与合作的屏蔽作用，通过政府支持、网络联系、过境需求、企业集聚等转化为中介作用，并以此带动跨境经济合作。因此，次区域经济合作中边界效应影响明显。边界效应分为边界屏蔽效应和边界中介效应，边界屏蔽效应是指，边界周边的国家为保护其经济主权和发展民族工业，或因社会制度、政策法规、意识形态的不同，往往以关税和非关税贸易壁垒在一定程度上限制贸易和生产要素的流动，提高了交易成本。边界中介效应是指，边界充当了相邻国家或地区之间经济、社会、文化等交流的中介，是两国间接触和交往最频繁的地带，本身具有开放性，边界周边进行次区域合作有利于本国经济、社会发展。随着国际次区域经济合作实践的发展，对于国际次区域合作的界定和特征表述逐渐倾向于合作实质而不再强调地理位置上的毗邻。赵永利

① 赵永利、鲁晓东著:《中国与周边国家的次区域经济合作》,《国际经济合作》2004年第1期，第51页。

等对国际次区域经济合作的一般特征进行了阐述，为学术界所认同。这六点特征分别是：合作基础是较低层次上的经济互补性，政府主导作用，国际机构的积极参与，具有非制度性一体化特征，合作内容非常广泛，开放性和非歧视性[①]。从这六点特征来看，国际次区域经济合作并不受地理区位影响，因此毗邻与非毗邻可以不再成为国际次区域经济合作的判断标准之一。从这个意义上来说，中俄“长江-伏尔加河”合作应界定为非毗邻次区域经济合作。其一，具有明显的跨国次区域合作的特征；由中央政府主导，双方多个地方政府为参与主体；合作基础是双方经济存在一定的互补性；非制度性一体化特征；合作内容不仅限于经济；对双方国内其他地方政府或区外其他国家不具有排他性和歧视性。其二，中国长江流域和俄罗斯伏尔加河流域在地理上处于非毗连内陆位置，存在较弱的地缘关系。这一点与传统的次区域经济合作存在较大的差别，没有地缘优势，意味着双方在经贸往来时，交易成本尤其是运输成本成为重要的影响因素。但交通通信和信息技术的发展，跨区域交易成本的下降，为非毗连跨境次区域合作提供了可能。在“一带一路”倡议的实施下，亚欧大陆桥的建设，渝新欧国际铁路联运大通道成为目前连接中俄两河流域最短的物流通道。在此基础上进一步加大通道建设不仅有利于联通中俄两江流域，也是“一带一路”倡议的基本要求。因此，作为非毗连次区域经济合作形式的中俄“长江-伏尔加河”合作本质上来看依然是中俄两国在中央政府引导下进行的跨境次区域

① 赵永利、鲁晓东著:《中国与周边国家的次区域经济合作》,《国际经济合作》2004年第1期,第51—54页。

合作。

### （三）作为非毗连跨境次区域经济合作与区域经济一体化之间的关系

从上述分析可以看出，国际次区域经济合作与区域经济一体化之间存在本质上的区别，不可混为一谈。那么国际次区域经济合作与区域经济一体化之间到底是什么关系呢？目前学术界存在两种观点，一种观点认为这是两种依据不同理论基础而建立的完全不同的经济合作形式，二者之间存在本质差异。这种观点的代表是赵永利、柳思思等。他们认为，国际次区域经济合作是依据新地缘区位理论而建立的合作形式，而区域经济合作是以新古典贸易理论和一体化理论为基础的，正是因为理论基础不同，二者在研究视角、合作性质、参与主体、关注重点、动力机制、合作特点和作用上均存在本质差别。次区域经济合作与区域经济合作是两条不同路径的合作方式[①]。因而，次区域经济合作的下一级演进方向不会是“特惠关税区”。“次区域合作程度的加深主要体现在它的可扩展性上，包括‘自身空间领域的直接延扩’或‘通过溢出和扩散效应向区外国内腹地辐射，带动成员国内其他地区经济发展’两个方面。”[②]另一种观点则是从区域经济一体化的角度去理解国际次区域经济合作，认为

① 柳思思著：《“一带一路”：跨境次区域合作理论研究的新进路》，《南亚研究》2014年第2期，第1—11、156页。

② 赵永利、鲁晓东著：《中国与周边国家的次区域经济合作》，《国际经济合作》2004年第1期，第51页。

次区域经济合作是区域经济一体化范畴中的。甚至余炳雕、王胜今、施本值等认为次区域经济合作是区域经济一体化进程中的一个阶段，从而认为国际次区域经济合作是在跨境的一定地域范围内生产要素趋向自由流动，实现资源更高效率配置的过程，直接表现为特定区域范围内贸易与投资的自由化。从这种意义上说，它是区域经济一体化的一种特殊形式，或者可以称为“准区域经济一体化形式”。与区域经济合作不同的是，次区域经济合作更强调地理上的临近性、资源和市场的互补性、边界效应对要素流动的影响①。从相关文献综述中可以看出，早期尤其是“一带一路”倡议提出之前对于次区域经济合作的界定更多倾向于第二种观点，而“一带一路”倡议提出后，国内对于次区域经济合作的界定更倾向于第一种观点，这和国际经济合作实践的发展有着密切的关系，人们对于该现象的认识和理解更加地接近现实。从这个角度来讲，本文也倾向于第一种观点，即跨境次区域经济合作应该是具有自己的独特性的，与区域经济合作存在本质差别的一种国际经济合作方式，它的发展路径应该与区域经济合作是不同的。因而我们不能用经济一体化的思路来指导次区域经济合作的实践，它的合作机制与合作路径应该有自己的特征。

## 二、中俄“长江-伏尔加河”合作的经济意义

根据新经济地理学的经验与理论研究成果，由于贸易成本的存在，对外经济活动倾向于布局接近海外市场的区域。作为非毗连的

① 张文韬著:《国际次区域经济合作研究评述》,《郑州师范教育》2015年第2期,第65—69页。

跨境次区域经济合作，缺乏地缘优势，那么，从经济的角度来看，中俄“长江-伏尔加河”经贸合作的意义在哪里呢？

## （一）我国中西部区域经济对外开放的重要平台

改革开放以来，我国东部沿海地带借助优越的地理位置和非均衡的区域发展战略，率先对外开放发展，东部地区在外贸依存度和外资依存度上一直都远远高于我国中西部地区，从而经济发展整体水平高于中西部地区，某种程度上造成并加剧了我国经济发展在区域布局上的不平衡。已有大量实证研究结果[①]表明，较低的对外开放度对收入分配、收入水平、经济增长、经济发展格局、产业竞争力等均产生不利的影响。随着我国经济发展进入新的阶段，在改革开放的新进程中，为了消除区域经济发展的不平衡，扩大我国开放，加快融入全球化，我国相继于2000年实施西部大开发战略、2006年实施中部崛起战略、2014年实施建设长江经济带等加快我国中西部发展的战略，标志着我国经济发展已经进入了由东向西梯度推进的关键时期。

如何加快中西部与东部地区经济增长极的良性互动，扩大中西部区域对外开放的步伐成为中西部发展面临的现实问题。在全球化趋势下，开放所带来的正的溢出效应为大量实践所验证，无论中国

① 相关的研究参见张有国、高洪深著：《区域开放度与经济增长的实证分析》，《北方工业大学学报》2001年第1期，第75—79页；李梦然：《东西部地区对外开放水平对产业竞争力影响效应比较研究》，2015年云南大学硕士学位论文；史继兰、程忠所著：《对外开放与我国东西部地区农村居民收入分配差距的相关性研究》，《广西大学学报》（哲学社会科学版）2009年4月增刊，第191—192页。

还是其他国家，积极对外开放，积极融入全球化是一国或区域经济发展的必由之路。我国中西部地区不仅拥有丰富的劳动力，而且能够提供广阔的消费市场，加大中西部对外开放，逐步消除我国东西部发展的不平衡，缩小沿海地区与内陆的差距，成为当前新形势下我国经济发展的内在要求。

在现有对外开放的格局下，如何构建中西部对外开放的平台，加大加快中西部对外开放步伐，不仅是“一带一路”引领下的中国开放经济新格局的战略规划，也是中俄“长江-伏尔加河”合作提出的重大意义所在。作为中俄“长江-伏尔加河”合作中的我国地方参与主体，长江中上游六省市也是长江经济带或西部大开发、中部崛起战略的重要主体，随着“一带一路”倡议的提出与建设，各国内陆地区将步沿海沿边开放地区后尘而成为对外开放的前沿阵地。中俄“长江-伏尔加河”合作平台对内连接长江经济带建设，对外纳入“一带一路”建设，成为我国长江中上游六省市加快承接东部产业转移，对外转移优势产能的重要开放平台。

### (二)加强与东部经济增长极联系的重要通道

中俄“长江-伏尔加河”合作机制的启动与实践，为我国长江中上游六省市在对外开放中加强内部市场的统一和政策的协调，深化向东开放，加快向西开放，统筹沿海内陆开放，扩大内陆开放，更好利用国际国内两个市场、两种资源构建开放型经济新体制，形成全方位开放新格局，在内部逐渐推进区域经济一体化和国内市场一体化发展提供重要契机和实践经验。

长江黄金水道，是东部产业向西部转移的一个重要横向通道，依托长江黄金水道，以长三角地区经济一体化的东部经济增长极为引领，以长江经济带建设为主体，以中俄“长江-伏尔加河”合作为契机，建设向西开放的国际大通道，加强与中亚、东南亚、南亚等国家的经济合作，不仅可以直接带动长江经济带这一超过五分之一国土涉及6亿人的发展新动力，缩小我国区域差距，又能优化经济结构，打造新的经济支撑带和具有全球影响力的开放合作新平台。

### (三)对接服务多个国家层面战略的重要部署

中俄“长江-伏尔加河”次区域合作机制涉及中国长江中上游六省市，俄罗斯伏尔加河联邦区14个联邦主体，横跨亚欧两大洲，与“一带一路”沿途多个国家和区域相毗连。中俄作为该区域两个大国，中俄合作将对该区域合作甚至全球化发展起到重要的示范作用。同时，作为中国中西部重要经济发展区域的六省市和俄罗斯国内第二大经济联邦区，两次区域同时涉及两国多个国家层面战略部署，如俄哈白的“欧亚经济联盟”、俄罗斯的“2020年前伏尔加联邦区社会经济发展战略”，我国的中部崛起战略和西部大开发战略、长江经济带战略等。这些国家层面的战略部署，在具体战略目标和战略规划上存在差异，但是在世界经济全球化发展和区域经济一体化趋势下，对于同处于内陆地区，均对扩大开放，发展经济，促进经济增长，提高人们生活水平具有明确的需求。现实的需要使中俄的共同繁荣和发展离不开彼此，俄罗斯的创新经济和现代化发展需要中国的支持，而中国全面建成小康社会和实现“中国梦”也需要和谐的外部环境和俄罗斯的支持。中俄“长江-伏尔加河”合作为实现中俄两国多个国家战略规划并在该区域实现战略对接提供了合作平台，也将在“一带一路”倡议下为非毗连跨境次区域合作提供实践经验，对沿线更大范围、更高水平、更深层次的区域经济合作和次区域经济合作起到示范效应和借鉴作用。

## 三、中俄两江合作现状及存在的问题

中俄两江地区在经济结构、人口资源、人文教育、优势产业等方面具有很强互补性，而且具有很大的合作潜力。2017年6月16日伏尔加联邦区总统全权代表巴比奇接受俄罗斯塔斯社记者采访时表示，两江合作框架形成五年来，已经有27个区域协议签署，68个在研投资项目中21个已经实施，47个今后将陆续实施，人文领域合作项目共有77个，其中40个教育交流项目和文化项目已经实施。总体上，在经贸合作方面还处在观望、考察、试探、磋商、准备阶段，进入实质性合作的项目相对较少。究其缘由，两地不具有地缘优势，相互不毗邻，沟通成本相对较高，因为高昂的交易成本，民间贸易需求愿望较弱，因为相对隔离，互信基础较弱，在投资上相对谨慎。但随着两江合作机制的实施，合作平台的构筑，两地区人文交流逐渐频繁，沟通与了解越来越深入，这些都会为进一步合作提供基础。

在中俄两江合作框架下，双方取得了一定成果的同时，也显示出目前在经贸合作中存在的一些问题。

第一，俄罗斯经济增长内部动力不足，存在较严重的“投资饥渴”。

从2013年到2016年，俄罗斯投资下降了近12%。2016年，投资继续下降的地区有47个。伏尔加联邦区的大部分地区，由于投资环境差，营商环境恶化，吸引投资的能力有限，都在经历“投资饥渴”[①]。由于俄罗斯许多地区在社会领域存在危机，财政赤字不断攀升，联邦中央的预算紧缩，地方从联邦中央得到帮助的希望很小。俄罗斯各地区均希望吸引外国投资，但存在障碍：没有完整的地区发展战略和规范，甚至缺乏外国投资的法律制度、经济机制和基础配套设施；官僚作风、封闭主义与狭隘思维等造成营商环境不佳；民众开放意识不强，态度消极。而在两江区域，中俄双方民间对两国合作区域的人民和市场不够了解，这些都成为两江合作的障碍，不利于民间合作的进一步深入。

第二，长江中上游六省市之间缺乏协同与整体规划。

中俄两江合作中的长江中上游六省市联结我国国内西部大开发、中部崛起和长江经济带战略，无论西部大开发、长江经济带，还是中部崛起，这些都是中国区域经济发展和实施深度开放开发战略的重大战略。随着改革开放后东部率先发展起来，我国东中西部经济发展的不平衡，区域经济合作机制的缺乏越来越成为我国经济发展



① C.比留科夫著，肖辉忠译：《俄罗斯伏尔加联邦区社会经济发展的现状与前景》，《俄罗斯研究》2017年第5期，第3—32页。

新阶段需要解决的问题。作为长江经济带的重要组成区域，长江中上游六省市虽然在市场融合经济发展战略的作用下，市场一体化已经取得一定的进展——如长江经济带九省二市的12个直属海关于2014年12月1日率先启动长江经济带海关区域通关一体化改革，但由于历史和体制的原因，我国以省级为行政单位区划存在着一定的行政分割和市场壁垒。长江经济带六省市也是如此，虽然在要素禀赋上存在显著差异，但是各省市在发展地方经济的时候，存在一定的地方保护主义，市场割据，生产要素无法实现完全自由流动，逐步形成同质性产业结构，缺乏产业协同和经济互补，难以实现协同发展。因而在对外合作上，各省市往往也是从发展地方经济的角度出发，缺乏综合考量，导致在合作中协调不当。

第三，在区域贸易环境上，面临欧亚经济联盟的竞争。

2010年俄罗斯、哈萨克斯坦、白俄罗斯关税同盟海关条约生效，三国关税同盟开始运行；2014年5月29日，俄罗斯、白俄罗斯和哈萨克斯坦三国总统在哈首都阿斯塔纳签署《欧亚经济联盟条约》，联盟于2015年1月1日正式启动。根据条约，俄哈白等五国将在2025年前实现商品、服务、资本和劳动力的自由流动，终极目标是建立类似于欧盟的经济联盟，形成一个拥有1.7亿人口的统一市场。俄、哈、白三国从关税同盟到经济联盟的发展，经济一体化程度无论从功能上还是制度上都在强化，因而，其排他性和歧视性也更加明显，五国经济联盟的成立理论上会产生贸易转移效应，并带来大国效应[1]，会产生贸易条件的改善，同时恶化贸易对象国的贸易条件。因此，这将对于中俄、中哈、中白贸易会产生消极作用，而在实践上贸易转移效应也会逐渐显露。

## 四、中俄两江经贸合作路径的选择：跨境投资贸易便利化

中俄两江合作基于打造开放型合作平台，为中俄两江次区域合作创造有利的开放发展环境，促进生产要素有序流动、资源高效配置、市场深度融合。从中俄两江合作近六年来的现状及存在的问题来看，两地合作以跨境投资贸易便利化为经贸合作的基本路径更贴近其合作性质并满足合作的需求。

1923年的国际联盟会议中首次提及“贸易便利化”，此后，在关贸总协定和WTO框架下的多边贸易协定中，贸易便利化的内涵和外延在不断扩大和深化。根据世界贸易组织《贸易便利化协定》的相关规定，贸易便利化至少包含以下内容：边境机构合作与海关合作，与进出口和过境相关的手续，受海关监管的进境货物的移动，过境自由，沟通与协商机制。贸易便利化是对国际贸易过程中涉及的行为、手续及惯例进行简化与协调，保证所有的相关行为都发生在一种有效、透明、可预见的方式之上[2]。简而言之，贸易便利化是指政府通过简化程序，协调法律法规和标准，采用新技术和其他有

① 在区域经济一体化理论中，几个小国结盟形成一体化市场，在国际经济往来中会具备大国的谈判能力并决定贸易条件。

② 孔庆峰、董虹蔚著：《“一带一路”国家的贸易便利化水平测算与贸易潜力研究》，《国际贸易问题》2015年第12期，第158—168页。

效方法，消除或减少资源跨国流动和配置的机制性和技术性障碍，以提高全球贸易的便利化程度。广义的贸易便利化是清除跨国交易过程中的机制性和技术性障碍，加快要素的跨境流动，最大限度地实现国际贸易的自由和开放。

贸易便利化建设不属于区域经济一体化的任何一种形式，而是在区域经济一体化建设各个阶段均可进行的一种国际贸易方法和贸易手段的建设，它既可以是两国在基础设施上的改善与合作，也可以是两国在贸易中制度的协调与合作，最终是为了简化贸易手续，降低交易成本，促进贸易发展。作为非毗连跨国次区域合作的先例，中俄两江合作是经济全球化发展下的国际经济合作的新形式，是两国基于政治互信、经济合作意愿加强，在进一步扩大合作前的一种探索式次区域合作，因此，中俄两江合作是中俄扩大开放与进一步深化合作的伟大创举。但在非毗连跨国次区域合作阶段，是国家间更深层次合作之前的部分次区域先行，可加深交往与交流，促进合作，最终推动国家层面的进一步开放与合作。因此非毗连跨国次区域合作阶段，以解决经济一体化障碍为前提，而实质性的经贸合作要取决于两地投资贸易便利化的进展。因此，次区域经济合作目标更强调两地的互联互通，加强相互了解，加强基础设施建设，加强人文交流，以园区试点、企业试点，由点带线，由线到面，以加强投资贸易便利化建设为主。不宜冒进，不宜主观夸大投资合作的重要性。

中俄长江—伏尔加河流域合作的贸易便利化至少应该包括以下几个方面。

第一是贸易政策与市场准入便利化，包括市场准入程度，是否签订优惠贸易政策，是否建立自贸区，是否减免关税等，而这是中央政府层面的合作与制度协调。

第二是互联互通与基础设施贸易便利化，包括铁路互联互通，公路、航空、信息互联互通，例如运输基础设施质量、运输服务质量、信息通信技术质量。

第三是货物贸易与服务贸易的便利化，包括海关行政效率、商检、许可证、入境消费、商业存在、跨境支付、自然人存在等方面。

第四是有关贸易的金融服务便利化，包括是否提供融资、进出口信贷、国家信贷担保、货币可自由兑换等。

第五是与贸易有关的投资便利化或商业环境便利化等。

## 五、加快跨境投资贸易便利化建设措施建议

第一，合作机制的进一步完善。建立完善的合作机制，包括双方领导人、负责人定期不定期的会晤，双方交流平台建设，让合作双方联系常态化。已有的交流平台包括中俄总理定期会晤机制、中俄地方领导人定期会晤机制，但常态化的交流沟通平台缺乏，不仅包括中俄双方，也包括中国长江中下游五省一市之间信息的交流与沟通，以及俄方伏尔加河流域联邦区的14个联邦主体之间的交流与沟通，加强信息平台的信息化建设，实现信息共享。加强学术界的合作，实现政界、学界、商界的信息共享。

第二，专门人才的培训、培养。加强双方人文交流，通过非经

济领域的交流，加强彼此的了解与信任，推动经贸合作。安徽省的实践值得推广。

第三，通过建设专业化园区、经济特区来增强中方投资的意愿。经济合作上，中方宜在互补的基础上引进技术与资源，在我国国内产业结构和贸易结构升级的前提上，通过贸易，加快长江中下游各省市产业结构升级与贸易结构的升级。而俄方在引进中方资本与技术方面，应以经济园区或工业园建设为中心，加快各联邦主体的基础设施建设，完善投资环境，加大对中方投资的优惠力度，吸引中方的投资，加快制造业发展与资源的开发利用。各合作地方政府在市场导向下以选取重点区域、重点产业或重点项目为基础，进行园区建设或项目建设合作。

第四，中俄双方在区域发展战略、国家发展战略上的对接。中俄双方对于该区域发展均有长远规划与战略思想，如何在求同存异的前提下，互相包容、对接、合作，实现共赢，是双方都应积极思考的问题。中俄两国正在积极推进“一带一路”建设同欧亚经济联盟的对接合作，在对接合作框架内，双方正在积极商谈中国同欧亚经济联盟经贸合作协议和对接合作项目清单。这将为两国经贸合作提供更为广阔的空间，有利于两国两江流域贸易和投资便利化水平的提升，最终为实现产业、技术、资本、市场等有效流通提供条件和平台，使欧亚各国在经济全球化和区域一体化进程中实现利益共享，达到共赢的结果。

第五，借鉴德国在俄罗斯伏尔加河流域投资经验。俄罗斯伏尔加联邦区自20世纪90年代初开始积极吸引外国投资者。德国是俄联邦重要的欧洲经济伙伴，这与在俄罗斯有一个强大的、支持与德国发展经济关系的商界游说力量，和在德国也有一个同样强大的、支持与俄罗斯开展经济关系的集团有很大的关系。例如在下诺夫哥罗德州政府对德国投资定向、全方位扶持，令德国投资成为该州近些年发展的重要助推力[①]。因而在短期内，取代德国成为伏尔加联邦区最重要的投资者较难，但是德国投资者在该区域投资的经验可以为进入者提供借鉴。

## 六、结论

作为非毗连跨境次区域合作，在合作形式上具有极大的灵活性和可发展性。“进”可以发展为国家层面的全面一体化，“退”可以维持较低层次的贸易便利化发展，对政策协调不产生任何约束。同时开放包容，对区域经济发展只有溢出效应不会产生排他性和歧视性，能更好推进经济全球化发展。从这个角度来看，非毗连跨境次区域经济合作为全球化发展探索了一条求同存异背景下的区域化合作发展的新道路。次区域经济合作在建设中与区域经济一体化存在差异，但是随着次区域经济合作的加强，次区域经济合作中的溢出和示范效应带动周边地区和国家的参与，次区域经济合作可以演进为区域经济合作直至区域经济一体化的发展。当然，是否走上区域经济一体化的道路取决于市场的导向和各国政府的发展意愿。政府引导下的次区域经济合作也可能会在市场导向下趋向人文合作而非

① C.比留科夫著，肖辉忠译：《俄罗斯伏尔加联邦区社会经济发展的现状与前景》，《俄罗斯研究》2017年第5期，第3—32页。

市场合作，那么次区域经济合作也可能会保留低层次合作或者完成其使命而被其他区域合作所吸收。这正反映了次区域经济合作的灵活性与实践性。

# 中国—白俄罗斯经济社会发展规划战略对接研究

◇朱立冬等课题组成员

**内容提要**：战略规划是一国顶层设计，加强国家之间的战略规划对接有利于克服两国地理、文化和制度等的障碍，引导经济要素有序流动、实现资源优化配置和市场高度融合，是落实中国倡导的共商共建共享的全球治理观的重要抓手。白俄罗斯与中国是全面战略伙伴关系，白俄罗斯既是“丝绸之路经济带”沿线国家，也是欧亚经济联盟成员国，是沟通“丝绸之路经济带”和欧亚经济联盟的桥梁，加强与白俄罗斯之间的战略对接研究，是落实“一带一路”倡议、构建地区命运共同体的重要举措。本研究通过分析对比中白两国经济社会发展五年规划，寻找两国发展战略合作的契合点，为两国战略对接重点领域和具体实施路径提供事实依据。

**关键词**：白俄罗斯　发展规划　战略对接　“一带一路”

2013年9月和10月，中国国家主席习近平分别提出建设“丝绸之路经济带”和“21世纪海上丝绸之路”的构想，简称“一带一路”，旨在借用古代丝绸之路的历史符号，高举和平发展的旗帜，

朱立冬，1977年生，安徽师范大学经济管理学院副教授，硕士生导师。主要研究方向有品牌文

化、网络营销、非营利组织营销管理。课题组成员有朱立冬、庄薇薇、刘经涛、刘正娟、刘君侠、刘雅文。

积极发展与沿线国家的经济合作伙伴关系，共同打造政治互信、经济融合、文化包容的利益共同体、命运共同体和责任共同体[①]。“一带一路”秉持共商、共建、共享的原则，建立和加强沿线各国互联互通伙伴关系，顺应世界多极化、经济全球化、文化多样化、社会信息化的潮流[②]，致力于维护全球自由贸易和开放型世界经济体系。中国同其他国家的合作也将不断提高中国的综合国力，为中国深入地参与国际竞争创造良好的条件。

1991年8月25日，白俄罗斯宣布独立，中国是首批承认白俄罗斯的国家之一，中国同白俄罗斯于1992年1月20日建交，20多年来中白两国关系快速发展。两国关系呈现以下特点：一是政治互信水平高；二是务实合作成果实，两国积极挖掘合作潜力，互通有无，努力实现优势互补；三是人民之间感情深，白俄罗斯民众普遍对华友好，学习中文、了解中国文化蔚然成风；四是相互支持，两国在人权、联合国改革、竞选国际组织成员等问题上积极协调立场。中白关系的发展不仅有效维护了两国共同利益，也为促进世界和平与稳定作出了重要贡献。

① 张永庆著:《“一带一路”倡议:中国经验、国际方案、世界贡献》,《东北亚经济研究》2018年第6期,第16—24页。

② 周文著:《中国特色社会主义道路拓展了发展中国家走向现代化的途径》,《财经科学》2017年第12期,第8—13页。

白俄罗斯拥有重要的地缘政治优势，对中国来说，白俄罗斯是中国同欧洲扩大联系的窗口，是“丝绸之路经济带”建设上的重要节点。对白俄罗斯来说，扩大同中国的经济贸易合作可以有效带动白俄罗斯经济的发展和国际地位的提高。随着2015年欧亚经济联盟的正式启动以及“一带一路”对接欧亚经济联盟的提出，中白经济贸易合作迎来了新机遇。“一带一路”倡导各国在交通、贸易、金融等领域的多边合作模式，使得中国和白俄罗斯在合作方面找到了许多契合点，为共同发展提供了更多的平台。目前中白双方在基础设施方面的合作已日渐完善，未来在能源、通信、交通等领域也可深度合作。中白之间的深度合作将大大促进“丝绸之路经济带”和欧亚经济联盟建设，不仅可实现中白两国互利共赢，也将惠及欧亚经济联盟成员国。

## 一、中国、白俄罗斯五年规划演变历史与比较

中国“五年计划”（后改称“五年规划”），全称为“中华人民共和国国民经济和社会发展五年计划纲要”，主要是对国家重大建设项目、生产力分布和国民经济重要比例关系等作出规划，为国民经济发展远景规定目标和方向。中国从1953年开始制定第一个“五年计划”，从“十一五”起，“五年计划”改为“五年规划”。截至2015年，中国已成功实施了十二个五年规划[①]。

白俄罗斯“五年规划”全称为“白俄罗斯共和国社会经济发展纲要”。自1996年开始实施第一个“五年规划”，到2015年已完成

① 本文写作时“十三五”规划的各项数据尚未公布，故未纳入研究范围。

四个五年规划，第四个五年规划全称为“2011—2015年白俄罗斯共和国社会经济发展纲要”。

中国过去的十二个五年规划与白俄罗斯的四个五年规划都是政府为了稳定国民经济、增加财政收入、提高人民生活水平而制定的指导经济社会发展的纲领性文件。规划对国家未来经济社会发展进行战略部署，决定未来重大建设项目、生产力布局和国民经济重要比例关系，对社会可能存在的矛盾与问题制定预先应对策略。

通过笔者对两国五年规划实施情况对比的研究，基本可以明确中白两国在经济发展各个阶段的实际国情、经济发展优劣势因素、不确定性因素等，可由此对两国未来经济发展趋势、改革方向、社会布局蓝图等作出预测与分析，找出两国经贸合作契机和领域，借鉴对方经济社会发展的经验，加强两国间的交流与沟通，增强双方的“忧患意识”“学习精神”“创新精神”“合作意识”等，实现优势互补，强强联合，共同进步与成长。

## 二、中国国民经济和社会发展“十三五”规划与白俄罗斯2016—2020年社会经济发展纲要比较

《中华人民共和国国民经济和社会发展第十三个五年规划纲要》（以下简称“十三五”规划）依据《中共中央关于制定国民经济和社会发展第十三个五年规划的建议》编制，主要围绕实现2020年全面建成小康社会的战略目标，用创新、协调、绿色、开放、共享

五大发展理念为“十三五”谋篇布局，主动引领经济新常态，引导产业结构向全球产业链的中高端迈进，促进改革，加强全方位的对外开放，打造开放型经济新体制，确保各项改革任务基本完成，改革的重点环节都要有所突破。

白俄罗斯《2016—2020年社会经济发展纲要》（以下简称纲要）是白俄罗斯以2016年召开的第五届全白俄罗斯人民大会上通过的条例为基础制定而成，主要目标是提高人民生活水平、增强白经济竞争力、吸引投资和实现创新性发展。该纲要在对2011—2015年五年规划实施结果作出评价基础上，提出了2016—2020年社会经济发展的主要目标、任务、优先方向和预想结果。纲要认为提高经济竞争力的基础是创新性发展、实体经济的健康发展、降低各类消耗、提高中小企业比重等。

### （一）规划出台背景

中白两国面临着相同的国际环境，和平、发展、合作仍是当今世界的主流。同时全球发展表现出以下趋势：一是全球经济仍处于黄金增长期，南方国家迅速崛起。二是占据创新的制高点成为国与国竞争的焦点。创新能力将是决定一国在国际竞争中成败的关键因素。三是全球进入绿色工业革命的黎明期和发动期。全球能源消费开始转型，面对全球气候变化问题，各国积极合作，推动能源和环境革命，这对中白两国经济发展质量提出严格标准。就国内环境来看，中国仍然处于黄金发展时期，但是经济发展进入新常态，即从高速增长转向中高速增长，经济发展方式正从规模速度型粗放增长转向质量效率型集约增长，经济结构正从增量扩能为主转向调整存量、做优增量并存的深度调整，经济发展动力正从传统增长点转向新的增长点。从2014年底开始，受俄罗斯卢布贬值影响，白俄罗斯出口与外来投资下降严重，通货膨胀率继续高升，经济下行压力较大。面对这样严峻的经济环境，白俄罗斯亟须采取措施助力经济增长速度提升。

### （二）主要目标比较

到2020年全面建成小康社会是“两个一百年”奋斗目标的第一个百年奋斗目标，“十三五”时期更是全面建成小康社会的决胜阶段。中国“十三五”规划是紧紧围绕全面建成小康社会制定的。规划规定了今后五年经济社会发展具体目标：经济保持中高速增长；创新驱动成效显著；发展协调性明显增强；人民生活水平和质量普遍提高；国民素质和社会文明程度显著提高；生态环境质量总体改善；各方面制度更加成熟更加定型。规划提出在提高发展平衡性、包容性、可持续性基础上，到2020年国内生产总值和城乡居民人均收入比2010年翻一番，主要经济指标平衡协调，发展质量和效益明显提高。

白俄罗斯五年发展纲要的核心目标是实现经济竞争力的提高，通过吸引外资、创新发展来提高公民的生活水平。纲要明确白俄罗斯实现未来五年经济增长目标的9个重点方面：改革国企，降低成本，保持盈利水平；完善支付系统；实施反垄断措施；推动出口多元化；完善国内市场保护机制；加速发展中小企业；吸引外资；降低银行利率；推广节能技术和高效利用资源。可以看出其纲要的核心目标也是经济发展，要求保持经济增长的较高速度，这一点与我国“十三五”规划的核心目标一致，并且都提出了创新在提升经济竞争力中的引领作用。

### （三）重点发展领域比较

中国“十三五”规划将科技创新放到了首位，提出加快突破新一代信息通信、新能源、新材料、航空航天、生物医药、智能制造等领域核心技术[①]。规划提出积极发展农产品加工业和农业生产性服务业，大力发展生态友好型农业，积极开展境外农业合作开发，建立规模化海外生产加工储运基地，培育有国际竞争力的农业跨国公司。同时拓展农业国际合作领域，支持开展多边农业技术合作。加快推进农业产业结构调整，发展观光农业、体验农业、创意农业等新业态。第二产业是国民经济的推进器，新环境下需要紧紧围绕结构深度调整，振兴实体经济，推进供给侧结构性改革，培育壮大新兴产业，改造提升传统产业，加快构建创新能力强、品质服务优、协作紧密、环境友好的现代产业新体系[②]。支持新一代信息技术、新能源汽车、生物技术、绿色低碳、高端装备与材料、数字创意等领域的产业发展壮大。大力推进新兴前沿领域创新和产业化，形成一批新增长点。加快推动服务业优质高效发展，以产业升级和提高效率为导向，发展各类特色服务产

① 张戈、张学军、朱玉平，等著：《智能制造背景下工程训练中心建设探究》，《实验技术与管理》2017年第2期，第214—218页。

② 冯晶、王润北、汤健著：《新旧动能转换背景下中国现代产业体系的优化》，《未来与发展》2018年第42卷第4期，第1页。

业。加强物流基础设施建设，大力发展第三方物流和绿色物流、冷链物流、城乡配送。实施“互联网+”行动计划，促进互联网深度广泛应用，带动生产模式和组织方式变革，形成网络化、智能化、服务化、协同化的产业发展新形态。大数据是基础性战略资源，应全面实施促进大数据发展行动，加快推动数据资源共享开放和开发应用，助力产业转型升级和社会治理创新。整个规划体系涵盖了三产的多方面，有利于促进三产协同共进发展。

白俄罗斯纲要提出，以创新为基础，提高经济体竞争力。首先就是经济体的信息化问题，纲要中提出了解决该问题的12个关键任务，促成信息及通信技术行业、原子能工业及可再生能源、纳米生物技术、制药工业和仪器工业等高科技领域的形成。未来五年，白俄罗斯将重点发展医药、微电子、光电技术、激光系统、新材料等高科技领域的生产，着力推动氮磷钾复合肥、欧Ⅴ和欧Ⅵ柴油的生产以及完成含氯原料加工厂的建设。利用各地方的原料资源开展生产是前景方向，包括食品生产、木材加工、建材生产、亚麻加工、炼油厂综合体现代化改造等。充分利用数字经济发展机遇，使经济数字化转变成为国家发展的主要优先方向之一。

### （四）规划实施及考核措施比较

中国五年规划较早引入了核心指标体系，每个五年规划文本都会对当前阶段的重要任务进行战略部署，制定相应指标以引导预期发展目标的实现。白俄罗斯对纲要规划的考核措施也制定了指标体系。这一点上，中白两国的做法是相同的。但中国在规划文本中以专栏的形式列出核心规划指标，与白俄罗斯不同的是，中国自“十一五”规划开始区分预期性指标和约束性指标。其中，预期性指标是政府发挥指导、引导作用，而主要依靠市场主体和市场调节实现；约束性指标带有一定强制性，是规划必须完成的指标（见表1）。

**表1　中国“十三五”规划与白俄罗斯“五五”规划对比**

| 国　别 | 核心目标 | 主要目标 | 发展领域 | 考核措施 |
|---|---|---|---|---|
| 中　国 | 全面建成小康社会 | 经济保持中高速增长，创新驱动成效显著，发展协调性明显增强，人民生活水平和质量显著提高，国民素质和社会文明程度显著提高，生态环境质量总体改善，各方面制度更加成熟更加定型 | 将科技创新放在首位，重点突破新一代信息通信、新能源、新材料、航空航天、生物医药、智能制造等领域 | 中白皆实行核心指标体系考核办法 |
| 白俄罗斯 | 提高人民生活水平 | 通过改善大型国有企业的资产管理质量、降低产品成本，保障企业盈利水平，完善供货、劳动和服务结算的支付系统，开展公平竞争，采取一系列反垄断措施，推动出口多元化，根据白参与区域一体化的进展，通过行业或地区发展规划实现合理的进口替代，完善国内市场的保护机制，加速发展中小企业，并将其列入进口替代和区域发展规划中，降低本国银行贷款利率，推广节能技术和高效利用资源 | 以创新为基础，重点发展医药、微电子、光电技术、激光系统、新材料等高科技领域 | |

## 三、中白两国经济社会发展战略对接的意义及预期效果

中白两国都属于发展中国家，两国经济社会发展存在较大互补性。中国改革开放以来，经济结构不断升级完善，综合国力不断提升，发展经验值得广大发展中国家借鉴。白俄罗斯拥有素质较高的科技工作者队伍和相对低廉的企业运行成本。两国展开战略对接，将为双方的经济发展带来新的契机，为两国经济发展增添新的活力。

### （一）对中国的经济效应

#### 1.推动国际产能合作

产能过剩成为中国进入经济新常态所遇到的主要问题之一。从宏观层面来看，产能过剩将会形成通货紧缩，影响宏观经济稳定性，而且会降低国家的投资预期，给经济带来下行压力；从微观层面来看，产品价格大幅度下跌，导致企业的库存积压，进而出现亏损[①]。而白俄罗斯当前在经济发展过程中各项产能显现出不足，尤其是基础设施需要强化。中国拥有性价比高的富余产能，国际竞争力强，双方的战略对接合作将带动两国产业结构转型，有利于中国过剩产能消化和国家经济发展。

① 边嘉伟著:《丝绸之路经济带与欧亚经济联盟战略对接研究》,2017年哈尔滨商业大学硕士学位论文,第24页。

2.带动西部地区经济发展

两国战略对接将为中国西部地区开辟对外贸易渠道，有助于推动西部地区产业结构优化升级，促进西部地区与丝绸之路沿线国家从简单的商品贸易向经贸大合作转变。

## (二)对白俄罗斯的经济效应

1.助力产业结构转型升级

白俄罗斯可以借助两国战略对接的平台，降低对俄罗斯的经济依赖，通过从中国吸引投资，稳定国内经济，缓解外债压力，完善基础设施建设。目前，中国—白俄罗斯工业园区基本建成，工业园区将重点发展高端制造、生物制药、电子信息、物流仓储等产业，这将有助于白俄罗斯发展新兴产业，促进产业结构从单一向多样化转型，为白俄罗斯经济发展带来新的增长点。两国战略对接后，白俄罗斯将充分发挥联通欧亚两大洲枢纽的作用，加上有中国—白俄罗斯工业园作为物流周转的基地，将有利于白俄罗斯发展对外贸易，摆脱在欧洲与俄罗斯夹缝中发展的尴尬局面。

2.完善基础设施建设

在交通设施方面，白俄罗斯国内部分铁路是苏联时期修建的，大多铁路陈旧，严重影响铁路的运输能力，不利于白俄罗斯建立健全的空间交通网络体系。中白两国推进战略对接将有助于改善白俄罗斯的基础设施。在交通设施方面，白俄罗斯可通过借助中国先进的铁路技术和雄厚的资金，完善白俄罗斯的交通基础设施，构建健全的交通体系，为合作筑造“繁华大道”。在电力基础设施方面，由于自身燃料资源、水资源和核能发电站储备严重匮乏，白俄罗斯电力能源中进口的天然气占比高达90%。为了加强能源安全，减少进口能源需求量，白俄罗斯可以依靠中国技术和资金对其电力能源领域进行现代化改造。

## 四、中白两国战略对接的重点领域

通过对比中白两国规划的主要目标、重点发展领域以及两国现有合作基础，可以看出两国重点对接的领域应该主要集中于农业、基础设施、金融、绿色经济（旅游产业）以及战略性新兴产业（新能源产业）。

### （一）自然资源（钾肥）领域

中国虽是疆域辽阔、成矿地质条件复杂、矿种较为齐全、资源总量丰富的国家，但在钾肥资源上存在巨大的劣势。钾肥是保障粮食安全的重要物质之一，因钾盐资源匮乏，中国钾肥消费对外依存度高。而白俄罗斯位于世界钾盐第二大集中区，已确定的矿产资源中尤以钾盐资源优势最为突出，居欧洲各国前列。中国商务部驻白俄罗斯使馆经商参处资料显示，白俄罗斯钾盐储量达80亿吨，占世界储量的9.1%，可供开采100年。在钾盐资源优势基础上，白俄罗斯建立起了较为强大的钾肥制造业体系，钾肥产业是白俄罗斯的优势工业[①]。近年来，白俄罗斯国内金融危机加速了其与中国全面战略伙伴关系的建立，中白合作进入关键机遇期，钾肥资源合作已成为中白两国元首确定的优先合作领域之一，中白钾肥领域合作前景巨大，建立多元化的国际合作机制对保障中国钾肥供给安全具有重要战略意义。

## （二）农业领域

农业“走出去”是中国拓展农业发展空间、利用国内外两种资源保障国家粮食安全的重大战略。2000年，中国政府正式提出农业“走出去”战略，2015年中央1号文件则将农业“走出去”、提高利用国内外两种资源的能力作为转变农业发展方式的重要内容加以推进。中国“十三五”规划中明确提出在拓展农业国际合作领域的同时，支持开展多双边农业技术合作。加快推进农业产业结构调整，发展观光农业、体验农业、创意农业等新业态农业模式。白俄罗斯农业一直比较发达，曾是苏联重要的农产品生产基地。中白两国的农业合作应重点落实在果蔬种植、畜禽养殖和水产养殖领域。受传统种植习惯影响，白俄罗斯水果蔬菜生产水平一直相对落后。蔬菜播种面积较小，产量长期徘徊在较低水平，蔬菜播种面积仅占农作物总播种面积的1.3%。蔬菜和水果产业一直是中国的优势产业，产

① 李泽红、李富佳、董锁成，等著：《中国和白俄罗斯钾肥资源合作态势与潜力研究》，《资源科学》2015年第37卷第6期，第1295—1303页。

量长期居世界首位，产品种类多、技术成熟、设施先进适用、技术人员众多，中国完全具备向白俄罗斯输出果蔬品种、技术、设施和人员的能力。以猪、鸡为主的畜禽养殖是白俄罗斯农业传统优势产业，近年来其优势不断强化，畜牧业在农业产值中的份额已占近50%。畜禽养殖的发展还带动了以青贮玉米和饲用直根作物为主的饲料作物生产的快速发展，因此畜禽养殖已成为带动白俄罗斯农业发展的重要产业，得到了政府的大力扶持。白俄罗斯河流湖泊众多，具备发展天然水域养殖的良好条件，但目前白俄罗斯仍以池塘养殖为主，大量的天然水面尚未得到有效利用[①]。随着淡水养殖的发展，中国国内竞争不断加剧，养殖效益不断降低，高密度养殖还造成了严重的水体污染。中国对白俄罗斯水产养殖投资，可以将白俄罗斯良好的资源条件与中国先进的品种、技术和设备相结合，实现互补互利。

### （三）投融资领域

近年来，中白两国在投融资领域合作得到迅猛发展，合作规模和合作领域不断扩大，合作项目不断增加，涉及能源电力、交通通信等基础设施和电子、化工、航天航空等领域。中资金融机构在促进中白两国经贸合作、实施成套工程建设项目和推动工业园区建设开发等方面发挥了积极作用。在国家开发银行及中国进出口银行、中信银行等

① 张忠明、钟鑫、李靖，等著：《白俄罗斯农业发展态势及中国对白俄罗斯农业重点投资领域分析》，《世界农业》2015年第5期，第106—110页。

中国金融机构的贷款支持下，中白双方企业成功实施了近30个项目，用贷规模超过60亿美元。这些大项目的实施带动一批国内有实力的企业走入白俄罗斯市场，增进了两国经济联系，促进了白俄罗斯经济发展和产业转型。与此同时，白俄罗斯也积极对华投资，将本国优势主导产业推入中国，提升自身的国际竞争力。根据两国已有的合作基础，以中白工业园为支点，搭建中国与欧盟及欧亚经济联盟合作的大平台，以在白俄罗斯务实合作项目为突破口，为中国企业进一步进入欧盟及欧亚经济联盟市场打下坚实基础。不断完善投融资渠道和合作机制，突出融资对项目的引导和带动作用，为中白两国重大合作项目提供全方位金融服务，助力两国产能合作。

### （四）新能源领域

中国新能源企业全球竞争力空前提高，在全球竞争力100强中，中国大陆企业达到57家，包括港澳台企业在内则达到64家，在全球市场上拥有压倒性优势，在短短几年内，中国就完成了从新能源起步到世界第一的过程。这展示了中国在新能源产业上的巨大潜力和优势，发展速度令人惊讶。中国新能源产业主要集中于风电、光伏、太阳能、生物质能、地热能和储能产业，各个产业均表现出强劲实力和持续发展动力。而白俄罗斯目前在此领域还处于起步阶段，发展速度相对缓慢，技术方面还不成熟，具有代表性的大型企业较少，中白双方可以中白工业园为产业载体，将中国在新能源方面具有优势的企业引进园区之内，形成产业集聚，带来辐射效应，促进两国企业的友好发展[①]。

### （五）交通领域

交通基础设施互联互通确定为中白投资合作的重点领域。白俄罗斯是最早支持“一带一路”倡议的国家，也是“丝绸之路经济带”建设的重要参与国，地理位置具有战略性意义。根据白俄罗斯的交通建设需求和中资企业的技术优势，中白交通基础设施领域投资合作在现阶段应以对现有铁路设施的升级换代和跨境铁路及物流枢纽建设为重点，以机车制造业为合作主体，以国家政策性金融机构为支撑，依托中国机车制造业平台，结合白俄罗斯的实际环境和需求，生产适用于白俄罗斯的机车新产品，将符合欧洲和独联体国家标准的中国机车装备通过白俄罗斯输往独联体国家和欧洲国家。充分利用我国在高速铁路技术、机车轨道生产和铁路增值服务方面的优势，与白俄罗斯当地工程设计和咨询机构共同参与相关项目，利用当地企业对本国法律、习惯等熟知情况来减少或规避项目中的风险，同时更好地参与和建设项目。

### （六）电信领域

白俄罗斯在《2016—2020年社会经济发展纲要》中提出了电信领域吸引外国投资的重点方向，这为中白两国开展电信投资奠定了

① 高金瑞著：《中国与“一带一路”沿线国家能源合作研究》，2016年河北大学硕士学位论文，第16页。

良好的基础。中白电信运营服务合作潜力较大的四个主要方向为：固定电话网络的升级改造项目、交互式网络电视业务拓展、移动电话网5G升级项目、移动互联业务。虽然白俄罗斯人口与中国相比总量较小，通信市场总量不是很大，但是白俄罗斯的通信人均消费水平较高，且在不断增长，人均移动电话和网络服务器拥有量明显高于中国，市场潜力很大。白俄罗斯的电信基础设施改造计划，开启了中白两国在电信领域合作的新阶段。同时白俄罗斯电信运营不断私有化，市场不断对外开放，中国可进一步同白俄罗斯运营商展开合作，参与其公司的私有化进程。白俄罗斯近年来高度重视智慧城市建设，而中国在智能交通、智能医疗方面已有一定的技术和经验，可投资白俄罗斯该类项目，合作共赢。

### （七）旅游领域

过去五年，中国旅游市场高速增长，增加了4,700万人次走出国门看世界。据统计，2017年，国民国内旅游一年花掉了4.57万亿元，相当于人均花费3,300元在国内旅游上；国际旅游支出达1,152.9亿美元，相比2016年增长了5%。中国出境游的不断发展也为白俄罗斯和中国的合作创造了新机遇。白俄罗斯是“一带一路”沿线重要国家，在欧洲享有“交通枢纽国”和“万湖之国”的美誉。通过旅游交流与合作，能够进一步体验“一带一路”沿线国家的文化内涵，有效促进相互了解和民心相通。双方可通过签署合作备忘录的形式，以旅游年为契机，强化两国在旅游领域的合作，大力发展旅游业，吸引更多的中国游客赴白俄罗斯参观游览。同时白俄罗斯非常注重旅游行业的发展，愿意为中国游客提供更舒适的服务，同时也给予了许多政策上的支持。如为吸引更多中国游客赴白观光旅游，白俄罗斯政府将考虑通过扩展免签入境政策、增开直航航班等措施，推动白中两国旅游合作再上新台阶。

## 五、中白两国战略对接实施路径与政策建议

国家发展战略对接，是推动两国经济社会发展的最大、最直接也是最有效的动力。2015年5月7日至12日，国家主席习近平出席在莫斯科举行的俄罗斯纪念卫国战争胜利70周年庆典并访问俄罗斯、哈萨克斯坦、白俄罗斯。访问期间提出了“战略对接”这一概念，得到了各国领导人的积极响应[①]。

### （一）实施路径

1.战略对接的原则与机制设计

首先，坚持市场主导的原则。对于双方重点领域合作来说，充分发挥市场在资源配置中的决定性作用，通过完善市场机制和利益导向机制，合理配置资源，政府可以在宏观上起到沟通交流和对接的作用，为企业营造良好的投融资环境，促进有关企业协同推动。

① 岳鹏著:《战略对接对崛起国家海权发展成败的影响研究》,2017年天津师范大学博士学位论文,第17页。

其次，坚持互利共赢的原则。在和白俄罗斯产业合作的过程之中，应利用中国企业竞争力的提高和自身价值链的构建，维护白俄罗斯国家和企业的利益，实现双方乃至多方的共赢。再次，加强在政府间投资协定的签署与管理。加强中国与白俄罗斯投资安全合作机制建设，如领事保护制度建设，加强中国与白俄罗斯投资监管合作体系建设，为企业有效防范东道国政治、安全与司法风险。

2.战略对接的模式选择

推动产业合作创新，提升全球产业链布局能力。以开发区形式开展产业合作，以园区为产业合作载体，吸引中白企业入驻工业园区，形成集聚效应。园区建成后，中白双方可联合培训员工，组织培训项目，互派人员到对方国家参观学习，项目可通过亚投行来实施。为克服产业园区层次不高、出现问题后难以找到对应部门的困难，园区建设之前要商签好中央和地方政府两个层面的双边合作框架，以及合作区建设的备忘录或者协议。在合作的方式上，主要采取合资经营的方式，加大股权直接投资力度，特别是在资源类产业上，合资的方式可以减少政治风险，对于重大基础设施建设，可以采取公私合营的方式，积极利用国际金融机构的资源。这样不仅可以减轻所在国的主权担保压力，还可以推动企业的国际化经营。

3.战略对接的金融支撑体系

建立贸易与金融支撑体系，为中白双方战略对接中的产业合作提供外部支持。金融支撑体系主要从以下几个方面展开：一是推动并完善丝绸之路基金、亚洲基础设施投资银行、金砖国家开发银行等多边金融机构的建设和运营，并依托国内现有机构，加强与国际多边金融机构合作，搭建区域性多边金融机构；二是国家政策性金融机构和商业银行积极推动国内产业走出去，鼓励商业银行加大对重大装备设计、制造等全产业链的金融支持，推进外汇储备多元化运用，发挥政策性银行等金融机构作用，商业银行重点集中于业务结算、项目贷款、并购贷款、经营性贷款、结构化融资、全球现金管理等综合性金融服务，政策性银行和外汇储备主要支持投入大、周期长的重大基础设施项目。

### （二）政策建议

#### 1.强化两国政府合作意愿

国家间战略对接能否顺利进行关键在于两国政府的合作意愿。合作意愿的程度取决于文化认同感和利益共同感，两国文化认同感越强，双方合作意愿越强烈。并且，文化认同也是缓解两国之间的矛盾、缓解观念冲突的一种途径。最终要以文化认同感促进合作意愿协同一致，为战略对接提供软支撑。利益共同是双方合作的始发点，两国要尽可能多地求同存异，打造利益的共同体。两国共同利益越多，合作意愿越强，两国合作越能持久。

#### 2.建立健全法律体系

制定经济法律制度，为经济发展营造良好的法律环境。规范国内市场经济，消除市场壁垒、完善市场准入、实现市场信息对称，以使区域经济发展差异缩小，区域经济结构平衡。同时可根据法律制度规范地方政府部门的行为，明确政府职责，简化审批程序，提高工作效率，积极落实与白俄罗斯合作的政策规定。制定多边层面的法律法规体系和建设“丝绸之路经济带”专项法规，协调中白两国的经贸法规，实现对白俄罗斯经贸法律法规的可预见性，避免因为缺乏规范的法律法规导致投资风险和法律风险，在公正、客观、利益平等的原则下，调节两国经贸合作中产生的经济纠纷，避免因经济纠纷影响中白两国的深厚的友好外交关系。制定建设中白战略对接专项法规，为两国在贸易通道、农业、金融等领域的合作提供法律保障，以两国经济互助协调发展带动“一带一路”建设。

3.建立沟通和利益协调机制

建立规范的沟通机制，保证中国和白俄罗斯了解对方的利益诉求，避免因信息不对称而阻碍双方战略对接的进程。建立定期会话制度，适时把握合作项目的建设进程，保证中白战略顺利对接。建立利益补偿机制，保证在贸易通道建设与对接过程中利益受损方从其他方面获得补偿。建立硬约束机制和软约束机制，保证两国战略按照既定的目标进行对接。硬约束机制依赖现有的具有权威性的国际组织建立组织约束规定，规范贸易通道建设与对接中的行为，以免因利益得失而发生违反贸易通道项目合作协议的行为。软约束可以从政治、社会、文化多方面进行，加强中国与白俄罗斯的对话，使白俄罗斯人民消除对中国的疑虑，并认同“一带一路”倡议是在互利共赢、互利互惠的基础上提出的。

4.强化政策扶持力度

两国政府应本着互利双赢的原则，积极出台相应的政策和法规，改善区域内投资环境，促进相互间的投资和贸易往来，为中国与白俄罗斯的经济合作提供良好的制度和政策环境。首先，制定和完善相关法律法规来规范贸易秩序，维护市场的有效运行，保证双方合作渠道的畅通。其次，制定鼓励相互投资和贸易的优惠政策。通过联合制定产业合作优惠政策，或者在贸易、投资、关税、交通运输、产业政策等方面实施一些比较优惠的政策，促进两国企业开展跨区域合作，加快区域经济合作的发展进程[①]。以提供政策最宽松、条件最优惠的合作环境助推中白战略对接和经贸合作，顺利实现区域间经济贸易往来。

5.成立双边组织

成立多层面国家间合作组织，协商并制定双方战略对接的具体规划，统筹两国对接工作，并负责处理在对接过程中会出现的一些隔阂或者冲突。国家战略的实施涉及众多部门与地域间的关系和利益，需要有不同级别的专业机构从中调节。通过国家间双边组织机构的统筹协调、合理规划才能有效整合现有资源，将两国战略全面深入地对接，为各合作主体提供服务支撑，保障中国区域与白俄罗斯战略对接与协同发展顺利实施。

① 胡仁霞著:《中国东北与俄罗斯远东区域经济合作研究》,2011年吉林大学博士学位论文，第132页。

6.强化合作领域相关人才培养

一是签订中白联合培养人才专项方案，积极开展联合培养，建构校企共育渠道，通过互派人员向对方学习与开展国际交流，拓宽人才培养途径和构筑能力提升渠道；二是加强对区域性战略对接人才的培养，建立从中央到地方的人才建设体系，增强人才的专业理论知识与实践技能，培养实操性强、理论知识丰富的复合型人才；三是设立中白人才培养专项基金，加大人才培养力度，夯实人才培养根基，形成良好的重视人才、利用人才、关爱人才的社会氛围；四是实施人才互通免签政策，冲破人才交流在时间和空间上的隔阂，孕育出互通有无的交流气氛，为人才交流合作提供方便。

7.发挥企业的主动性和创造性

就国家层面而言，没有企业积极有效的参与，国家发展战略对接就会落空；就企业层面来说，国家发展战略对接也为企业做大做强提供了难得机遇和广阔空间。两国政府部门应为这些市场主体创造更多机会，搭建更多平台，积极有效地维护它们的海外利益。企业也应当更为主动地将自身发展战略与国家发展战略对接，改革内部治理机制，提升利用两种资源、两大市场的能力，在实现自身发展、惠及本国民众的同时，不断提升投资和经营活动对象国民众带来的积极影响，并为国家间关系的健康发展奠定坚实的社会基础。

8.强化维护形象意识

从国家层面来看，要树立并维护负责任的大国形象。对于双方政府层面制定的各类协议，要严肃认真对待，树立重承诺、守信用的大国形象，认真履行已经达成的各类协议。从企业层面来看，要树立重承诺的企业形象。第一，确保高质量完成已经达成协议的项目。这既是商业规则，也是道德要求。产品的质量、口碑关系到一个企业的长期发展。第二，中国企业在“走出去”的过程中，必须尊重当地国的法律、法规和风土人情。第三，在当前“一带一路”投资热的背景下，企业需审慎作为，对于已经达成的合作协议要认真落实，不轻易或过多承诺，避免最后可能因为不能兑现承诺，损害中国企业的信誉度和国家形象，也避免盲目投资带来更多的风险。

# 俄罗斯自然资源利用与可持续发展之路

◇安　岩

**内容提要：**俄罗斯自然资源总价值居全球之首，各类自然资源储量几乎均位于世界前列。丰富的自然资源成为普京重振俄罗斯最重要的倚重力量，也是影响俄内外政策走向的基本要素之一。随着本国资源消费市场的刺激、境外资本的介入和国际资源市场的影响，俄罗斯开始了自然资源可持续发展的探索之路。

**关键词：**俄罗斯　自然资源　可持续发展

安岩，博士，研究方向为俄语语言文学，俄国史。主持教育部人文社科青年基金课题1项，参与国家社科基金课题1项，主持或参与其他课题多项；发表语言学、俄国史论文译文近20篇。

早在1980年，《世界自然保护大纲》中就提出了可持续发展这一概念，迄今为止，世界上绝大多数国家都接受了这一带有国际公益性的发展理念。就在可持续发展这一理念被广泛关注和接受的时候，作为世界上自然资源最丰富国家的俄罗斯在自然资源的可持续发展问题上进行了尝试。“对世界来说，俄罗斯或许不仅是一个增长中的经济体，而且还以很特别的方式融入国际社会。俄将充分利用现有资源，加强国家、商界、技术和公民社会间的互动联系，实现可持续的发展。"[①]

## 一、令世界羡慕的自然资源

俄总统普京在阐述俄罗斯经济发展速度时曾这样表示："我非常希望我们的GDP增长能达到7%或8%，最好能达到10%的水平，因为我深信，我们国内具有完成任务的所有资源。"[②]由此可见俄罗斯自然资源的充足和丰富。

据俄科学院社会政治研究所2004年出版的《俄罗斯：复兴之路》报告称，俄罗斯是世界上唯一的自然资源几乎能够自给自足的国家。作为世界资源大国，俄罗斯已经探明的资源储量约占世界资源总量的21%，高居世界榜首。俄著名学者奥·切尔科维奇在题为《世界经济背景下的俄罗斯》的论文中援引权威数据称，美国已经探明的自然资源储量价值为10万亿美元，中国为5万亿美元，西欧为2.5万亿美元，而俄罗斯为30万亿美元。

### （一）十分肥沃的土地资源

在俄罗斯，农业用地为2.1亿公顷，其中耕地1.25亿公顷，人均耕地为0.85公顷。而全世界耕地总面积不过14.57亿公顷，人均耕地仅为0.32公顷。值得注意的是，俄罗斯不仅人均占有耕地远超世

① 卡特林·谢尔盖·尼古拉耶维奇（Sergey N. Katyrin）著，永年译：《俄罗斯：从资源出口到可持续增长》，《博鳌观察》2012年第7期，第139页。

② 普京2000年3月21日在下诺夫哥罗德举行的俄罗斯城市联合会议上发表题为《稳定经济是国家的头等任务》的讲话，此为讲话的一部分。

界平均水平，且俄罗斯耕地还非常肥沃。正如俄罗斯土壤学奠基人多库恰耶夫指出的，黑土地带是俄罗斯的主要财富，俄罗斯的黑土地曾丢失了20%—50%的腐殖质，但仍是世界上最肥沃的土壤。

### (二)极其丰富的淡水资源

水是一个国家经济体系运行中不可缺少的部分，也是人类赖以生存的必要条件。俄罗斯拥有丰富的水资源，仅贝加尔湖就容纳了全球地表淡水总量的1/5。俄罗斯拥有500多条通航河流，总长度为30万千米，实际通航里程为8万千米。如果俄罗斯的全部水力资源被充分利用，每年可发电2万亿千瓦时。

### (三)蓄积量巨大的森林资源

俄罗斯森林覆盖率约为50%，拥有世界约1/4的森林资源[①]。俄罗斯森林蓄积量已经超过整个北美的森林蓄积量。俄罗斯是世界木材第三大出口国，仅次于美国和加拿大。目前，全世界木材供给量日益减少，材质不断下降，木材短缺已成为全球性的问题，但在地球北端的俄罗斯却蓄积大量的成熟林和过熟林。根据2000年初的统计，全俄实际木材采伐量只有设计产量的45%左右，最近几年更是不足25%。

① 刘燕平著:《俄罗斯自然资源利用战略和经营活动的生态化》,《国土资源情报》2004年第4期,第30页。

### (四)储量充沛的油气资源

谈论资源就不能不谈石油和天然气。中东地区一直是全世界的油库，不过在大量开采和局势动荡的事实面前，寻找新的石油供应地成为国际社会的迫切任务。俄罗斯蕴藏着丰富的石油、天然气资源，据统计，俄罗斯具有油气前景的陆地和海域面积约1,290万平方千米，其中大陆架和海域面积为560万平方千米。俄罗斯石油、凝析油和天然气的总蕴藏量分别为353.5亿吨、8.4亿吨和98.74万亿立方米。探明的石油储量占世界探明储量的12%，天然气占世界探明储量的32%[①]。

2008年金融危机前，国际油价高企，丰富的油气资源给俄罗斯带来了巨额财富。

## 二、多方原因促成俄资源消耗巨增

国民收入恒等式显示，国民经济增长由消费需求、投资需求、政府支出和净出口来决定。国内需求（消费、投资和政府支出）对经济的拉动作用毋庸置疑，而国外需求（出口）易受世界政治和经济环境的影响，特别是近年来国际贸易保护主义抬头，出口对经济的拉动作用受到很大挑战。因此，国内需求增长才是促进本国经济发展的根本，更是大国经济平衡和持续发展的可依靠力量。

① 张少杰、崔鹏著:《可持续发展经济学视域下的俄罗斯经济问题研究》,《求是学刊》2013年第2期,第6页。

### （一）世界各国抢滩俄罗斯资源市场

我们可以看到，由于俄罗斯本国经济发展速度放缓，因此俄罗斯国内市场的资源需求和利用增长缓慢。长期以来，俄罗斯各种自然资源不断流向国外，资源出口直接给本国带来巨大的经济效益。与此同时，俄罗斯出于国内经济发展的需要和国际战略的考虑，不断制定各种优惠政策，强化国内投资环境治理，大力吸引国外资金开发国内各类资源。这一点恰好与世界各国的资源战略多样化不谋而合。于是，世界各国纷纷注视着俄罗斯资源开发的动态，以期在世界经济的最后一块处女地上有所作为。

为鼓励外国投资者参与自然资源开发，俄罗斯相继出台了一系列政策法规。例如，继1999年1月重新颁布《外国投资法》之后，又颁布了《与俄罗斯本国和外国投资者签订租让协议法》和《产品分割协议法》等。俄罗斯的这一姿态引起了世界各国，尤其是亚太地区国家（中、美、日、韩等）的极大兴趣。远东西伯利亚是俄罗斯自然资源最丰富、各类资源储量最大的地区，世界各国均欲在俄远东西伯利亚地区的自然资源开发中抢占先机。近年来，世界范围内的木材供应一直呈紧张态势，一些发达国家，如美、日、德等纷纷在俄远东西伯利亚地区进行投资，并获取了森林资源的开发利用权。一家美国公司投资8,600万美元租赁远东地区的森林，该公司计划在49年内每年开采100万立方米木材。此外，韩国、马来西亚、新加坡等国也积极参与对俄远东森林的采伐和加工。例如，一家马来西亚公司投入2亿美元，取得了俄远东地区60万公顷森林的采伐权，采伐期为49年，年采伐木材55万立方米。应当指出的是，中俄总理在会晤中已经签订了《森林采伐协议》。俄方表示欢迎中国企业，特别是大型企业集团赴俄投资采伐森林并开展木材深加工。中国《关于加快林业发展的决定》和《关于实施东北地区等老工业基地振兴战略的若干意见》都明确要求扩大对外开放，实施“走出去”战略。在这方面，中国政府对东北森工企业寄予厚望，希望森工企业发挥技术、设备和熟练劳动力的优势，加快对俄森林资源的开发。

长期以来，欧盟对石油进口的依赖性不断增强。数据显示，欧盟75%的原油依靠进口，到2020年，欧盟原油进口比重将达到85%。欧盟对天然气进口也将从40%增加到2020年的67%。2000年10月，欧盟与俄罗斯就加强能源合作问题进行了磋商。这是欧盟以寻求能源供应多样化为特点的新能源战略的组成部分。欧盟希望加强与俄罗斯在天然气开采、运输等方面的合作，这种合作将是长期的。此外，德国、挪威、印度、塔吉克斯坦、委内瑞拉、中国等都先后与俄罗斯签署了资源合作开发协议，以便在石油、天然气、木材加工和有色金属等方面展开合作，共同开发。

### （二）国内因素对各类资源提出新挑战

自苏联解体以来，俄罗斯经济走过了剧烈下降、快速复苏和缓慢增长三个阶段：1991—1998年连续7年的衰退阶段，1999—2008

年以来连续近7年的快速回升，2008年金融危机后俄罗斯经济发展呈现震荡和逐渐放缓阶段。2018年俄罗斯经济发展增速为1.5%，2018年10月，国际货币基金组织（IMF）预期2019年俄罗斯GDP增长1.8%。世界银行预计欧洲东部和中亚地区的国家经济增长将有所放缓。

根据俄罗斯官方的数据，1999—2003年俄罗斯GDP增长率依次为5.4%、9%、5.1%、4.7%和7.3%。在衰退过程中受打击最重的工业部门表现出了尤为强劲的复苏势头：1999—2001年俄工业累计增长约27%，其中机械工业增长50.8%，石化工业增长49.5%，轻工业增长42.6%，森工、木材加工及纸浆业增长32.1%，黑色冶金工业增长34.9%，有色金属工业增长33.1%，建材工业增长31.5%，食品工业增长28.5%。2003年整个工业增长7.3%，其中新兴产业，如电信业增长超过42%。

居民消费能力的持续快速增长是拉动内需的重要因素。据俄经济学家估算，俄经济56%的最终消费需求来自居民。1999—2003年俄罗斯居民实际货币收入年均增长超过10%，消费贷款政策的实施激发了新一轮的消费潮。同期，俄罗斯社会商品零售额的增长率保持在10%左右，而电信业等新兴消费部门的年均增长率超过了40%，房地产业增长率也很高。与此同时，社会投资增长升温。2003年，全社会固定资产增长率达12.5%，比2002年的2.6%提高近10个百分点。这表明金融危机前，俄罗斯企业家对生产部门的投资信心大大增强。相反，资本外流明显减少。据官方统计，2003年外流资本仅为29亿美元，低于2000年的250亿美元、2002年的80

亿美元及近10年来年均200亿美元以上的规模。值得注意的是，2003年至金融危机前，在俄罗斯还出现了部分外流资本回流的现象。外国投资也持续增长，到2003年底，俄罗斯累计吸引外国直接投资超过550亿美元，其中2003年吸引外国直接投资65亿美元，同比增长62%。

主要工业部门的快速发展以及国内消费、投资等需求的不断增加，使俄罗斯国内各类资源，包括石油、木材、水、金属制品等的消耗量逐年剧增，有些资源甚至出现了供应紧张的状况。据俄通社报道，俄罗斯西部的水资源已经处于一种危机状态，目前只有莫斯科、鄂木斯克和顿河罗斯托夫等城市尚可满足生产、生活用水需要。生产、生活用水的不断增加和污水处理装置的短缺是导致日常用水短缺的主要原因。“水问题”已经成为制约俄罗斯西部地区社会经济发展的重要因素。2003年3月，俄罗斯水利部门制定了旨在保证水资源安全和有效使用以及使用水不对生态产生破坏作用的可持续性水资源利用政策。天然气、可耕地和部分矿物也不断发出危机或者准危机信号，迫使自然资源十分丰富的俄罗斯不得不重新考虑本国资源的保护和利用问题。

## 三、“荷兰病”的威胁迫近

在20世纪70年代之前，经济学界普遍认为，一国拥有的自然资源越丰富就越有利于经济的发展。但70年代之后，这种理论逐渐销声匿迹了。2001年，美国著名经济学家R.M.奥蒂（R.M. Auty）

对1960—1990年自然资源丰富的发展中国家人均收入增长率进行实证研究后发现，自然资源丰富的发展中国家的人均GDP增长率只相当于资源匮乏国家的1/3—1/2。具体情况是：矿产资源丰富的发展中国家经济增长率在20世纪70年代尚处于所有发展中国家平均发展水平；80年代之后其经济形势急剧恶化，即人均GDP出现负增长；90年代之后，虽然其人均GDP恢复到正增长，但始终低于所有发展中国家的平均发展水平。奥蒂得出的结论是：对发展中国家而言，丰富的自然资源反而不利于经济的发展。

俄罗斯属于自然资源丰富且出口初级资源产品的国家。对这样的国家，理论上有以下几点解释：第一，经济结构长期停滞于满足初级产品的国际市场需求，因此容易导致贸易条件的长期恶化，其结果是与其他发达国家的经济发展差距拉大，陷入长期的相对贫困之中。第二，资源产业与其他产业的关联度很低，无助于其他部门的成长。第三，由出口自然资源所产生的高额收入妨碍社会关系资本的积累，易导致社会各生产部门摩擦增加，引起交易成本上升，从而阻碍经济发展。2001年美国学者迈克尔·沃尔科克（Michael Woolcock）指出：丰富的自然资源将导致寻租活动的泛滥，围绕着租金所产生的激烈竞争会使经济陷入非效益状态。第四，“荷兰病”①的出现。外汇的大量流入引起外汇价格的下降乃至本国货币升值，出口收入的增加造成对商品、服务需求的增加，而劳动者工资

① “荷兰病”是指自然资源丰富反而拖累国民经济发展的一种经济现象。20世纪50年代，人们突然发现荷兰海岸线蕴藏着巨量天然气。由于对天然气的开采，荷兰一夜间成为以出口天然气为主的国家，其他工业在荷兰则逐步萎缩。有了这笔意外财富，创新的动力也逐渐消失，这使荷兰最终在多方面失去国际竞争力。人们随后把这类现象称为“荷兰病”。

收入迅速上升导致进口商品和服务价格的提高。这两种路径最终使汇率上升，而汇率上升将削弱除初级产品生产部门以外的其他出口产品生产部门的竞争力，阻碍其他部门的生产，并对经济的整体发展产生负面影响。第五，初级产品部门与其他产业相比不需要多少人力资本，因此，政府容易减少对公共教育的投资，这样会对经济的长期发展产生消极影响。另外，因天然资源的国际价格经常出现剧烈波动，也容易造成投资政策的失误。2008年和2009年由于受到国际金融危机的冲击，国际石油价格下跌，俄罗斯经济增长受到影响。经计算，国际市场原油价格增长率与俄罗斯GDP增长率之间的相关系数达到0.68，原油价格与俄罗斯经济增长之间呈较大的正相关性，原油价格是影响俄罗斯经济增长的重要因素[①]。

以上这些潜在的负面影响也引起了俄罗斯方面的关注。普京曾表示，石油美元并不能帮助俄罗斯解决贫困问题。一些俄罗斯经济专家甚至认为，流通的石油美元不仅给俄罗斯政府和央行抑制通货膨胀带来了困难，还会使卢布在国际市场上的表现过于坚挺，给俄罗斯出口和加工工业的发展带来压力。金融危机前国际石油价格飞涨并没有对俄罗斯经济产生好的影响。专家们还认为，石油价格每桶为30—38美元的时候，对俄罗斯经济最有利，每桶高达60美元的石油价格并不能促进俄罗斯的经济增长。

① 李天籽、毛彦著:《自然资源禀赋、制度和经济转轨——俄罗斯资源依赖型的经济增长》,《求是学刊》2012年第11期,第52页。

## 四、可持续发展成为最终选择

在充分利用本国自然资源、扩大出口、逐步恢复本国经济新秩序的背景下，积极探索适合本国的经济发展模式一直是俄罗斯社会各界关注的问题。在当今世界经济全球化、一体化大趋势并未发生根本改变的情况下，走经济可持续发展道路已成为俄罗斯强国富民的必然选择。

1987年世界环境与发展委员会出版的《我们共同的未来》将可持续发展定义为：既满足当代人的需要，又不对后代人满足其需要的能力构成危害的发展。1989年第15届联合国环境署理事会通过的《关于可持续发展的声明》又对可持续发展做出了严格定义。总的来说，可持续发展包含两大方面的内容：一是对传统发展方式的反思和否定，二是对规范的可持续发展模式的理性设计。其中发展是主题，持续发展是根本，整体、协调、综合发展是具体要求。

### （一）可持续发展的行动及设想

俄罗斯并没有为社会矛盾日趋严重的现实所左右，在达成了基本共识之后，便开始探索和实践可持续发展之路。1996年，叶利钦在经济安全会议上表示："俄罗斯面临着严重的外部威胁，如果不完善各种经济政策，特别是各种资源的保护和利用政策，俄罗斯将成为世界经济中固定的燃料及原料供应地。"

2002年9月在南非约翰内斯堡举行的可持续发展世界首脑会议上，俄罗斯表达了可持续发展的愿望：希望通过参加可持续发展世界首脑会议扩大国际合作，以协助俄保护其境内的自然生态财富。俄罗斯主张均衡地采取措施，推动经济、社会和环保领域的可持续发展。俄罗斯在《京都议定书》合作框架下经常向其他国家通报近年来俄罗斯所参加过的国际可持续发展活动，就保护俄生态、资源问题向国际社会发出倡议。

基于对水的基本认识，近年俄罗斯制定了可持续性水资源管理方针，旨在建立一整套能够鼓励和促进水资源安全又有效使用的机制，使用水不对生态产生破坏作用。俄罗斯水资源管理战略目标包括以下几个主要方面：在保证可持续用水的情况下，为居民和经济建设部门提供可靠的优质用水；恢复并保持水源地（江、河、湖、水库以及地下含水层等）的生态安全；保证水资源的蕴藏量及质量；保护居民生活和经济部门生产免受不良水质的危害和影响。

俄罗斯政府和议会十分重视森林保护工作。俄罗斯政府正式批准了《国家2002—2010年森林、木材加工工业发展规划》，计划投资20亿美元，并通过加强立法、税费改革和机构改革保护本国的森林资源。俄罗斯议会建议恢复已被取消多年的森林工业部，计划将森林的租赁期从目前的1—5年延长至49年，下一步还将考虑再延长到80—100年。通过延长租赁年限，森林的租赁者就会承担起恢复森林和保护生态的义务，也敢于投资以长期经营森林，而不是仅将经营目标聚焦在木材采伐上。

目前，俄罗斯石油生产部门的非国有化率较高。然而，打破国家垄断并不意味着国家放弃对石油市场的调控。俄罗斯政府的调控手段可概括为两个方面：一是在关系到国家和地区能源安全的一些石油公司中或是控股，或是实行“金股权制”，即强制性地规定国家拥有一票否决权；二是通过税收、关税、价格、出口配额等经济手段进行间接调控。2000年俄罗斯政府制定了《2020年能源规划及发展战略》，其核心是调整生产和消费结构。在俄罗斯，天然气在能源生产和消费中占49%。出于对能源安全供应问题的考虑，俄罗斯政府决定逐渐增加煤炭产量，部分电站由烧天然气改为烧煤炭，逐步提高天然气价格，以保证天然气生产稳定发展。2001年9月，俄罗斯政府出台了一系列关于简化石油出口的新规定，包括取消单个公司控制出口渠道的权利，加强对石油开采以及出口的限制。

近年来，俄罗斯南方一些重要产粮区的耕地和牧场荒漠化现象日趋严重，大量的粮食进口问题没有得到解决。遭受沙漠侵害的土地面积正在以每年40万—50万公顷的速度增长，盐碱化的水浇地每年约有77万公顷，遭到破坏的植被面积则达到7000万公顷。也就是说，俄联邦每五年就要丧失700万公顷的农用地，其中200万公顷是可耕地。就目前情况而言，有1亿—1.2亿公顷的农业用地处在荒漠化的边缘。俄罗斯全国有30个地区处于荒漠化或潜在荒漠化之列。这些地区的人口占俄罗斯总人口的50%，农产品占全国的70%以上。普京在2000年2月指出：“我们看一下我们盲目消耗资源的状况和这在今天造成的后果，在土地问题上不能再这样了，应制定法律框架保护耕地，禁止对土地资源的盲目滥用。”[①]2001年10月25日，俄颁布了《俄罗斯联邦土地法典》。该法典主要规定了俄罗斯土地实行私有化、市场化的合法性，同时指出不放弃国家对土地尤其是对耕地的调控。俄政府将继续制定相关土地政策，保护耕地，提高土地使用率。

### (二)解决人和人才的可持续发展问题

笔者认为，在谈及俄罗斯经济和资源等可持续发展问题时，不能不谈论俄罗斯人口发展问题。用普京的话来说，人口问题已经成为关乎俄罗斯存亡的严重问题。在众多的可持续发展问题中，最让普京和俄政府感到头痛的莫过于人口的发展问题。2000年7月，普京在政府报告中特别强调，人口减少是俄罗斯面临的头号紧急问题。俄联邦国家统计局的资料显示，2018年俄罗斯人口十年来首次下降，截至2019年1月1日人口达1.46794亿人，而在2006年这一数字为1.438亿。可见，尽管在过去的十几年里俄罗斯人口总数整体上呈上升的趋势，但人口基数过小的状况并未得到明显改善。20世纪60年代起，俄罗斯人口数量逐年减少。苏联解体后，俄罗斯人口下降速度加剧。从1993年至2008年金融危机前，俄罗斯人口总数已经减少了600万。自2010年起，由于国际能源价格下降、乌克兰危机、国内政治改革不彻底等原因，俄罗斯国内经济持续下滑，GDP

① 参见普京在2000年2月21日在莫斯科举行的俄联邦国务委员会议上所发表的题为《加快通过新的土地法典，解决土地改革问题》的讲话。

和增长率由2010年的4.5%下降到2015年的-3.7%[①]。国内经济环境的不景气又对刚好转的人口增长形势产生负面影响。据俄罗斯总统国民经济和公共管理学院、联邦统计局和国际应用系统分析研究所联合预测，2050年俄罗斯人口总数约为1.37亿。联合国对此数字的预测则更低，到2050年，俄罗斯退休人员将占总人口的35.2%。这样，每位有劳动能力的人便不得不供养一位失去劳动能力的人。

为解决日益严重的人口危机，俄罗斯政府于2001年通过了俄罗斯人口发展纲要，要求确保人口增长，即增加人口出生率，减少人口死亡率，并通过外来移民弥补人口数量的不足。普京已责成俄政府成立一个专门的“社会人口问题委员会”，于2002年9月9日开始对俄罗斯儿童进行全面普查，为研究制定全新的人口政策提供翔实的依据。俄政府在2003年的财政预算中大幅度增加社会开支，以增加对生育妇女和家庭的补助，提高国民的医疗、社会福利和生活质量，刺激人口出生率的增长，降低人口的死亡率。此外，普京还要求政府尽快制定新的政策法规，吸引高质量的外国移民，使外国移民尽快地为俄罗斯经济发展做出积极的贡献。

通过对俄罗斯自然资源总量的考察和对自然资源使用情况的分析可以看出，尽管俄罗斯可以被称为世界上自然资源最丰富的国家，但受到本国经济结构不合理和自然资源利用易受到国际环境影响等因素的制约，俄罗斯在自然资源的开发利用方面同样面临着严峻的问题。因此，可持续发展道路同样适用于自然资源总量庞大，人口

①侯建颖著:《俄罗斯第四次人口危机分析及其启示》,《经济研究导刊》2019年第3期，第181页。

基数很小的俄罗斯。

我国的领土面积和自然资源总量均难以和俄罗斯相比，而人口总数则是俄罗斯的近十倍。在这样的情况下，探寻绿色的、可持续的发展道路成为我国经济、社会发展的唯一选择。

# 下篇

# 中俄关系史上的哥萨克人

◇杨素梅

**内容提要：**中俄关系历史悠久，自17世纪以来已有400多年。独具历史文化特色的哥萨克人在中俄关系发展史上起着不可忽视的作用。哥萨克是俄国时期一个封闭的军事阶层，无论在俄国历史上或是中俄关系发展史上均是一个重要的角色。自17世纪起，哥萨克人随俄国勘察队成员或外交使团成员多次被派往中国。哥萨克人作为俄国殖民扩张的马前卒、俄国的外交使者、勘察人员、护卫兵等成为中俄关系发展的见证人。

**关键词：**哥萨克人　军事阶层　哥萨克使团　马前卒　中俄关系史

## 一、独具历史文化特色的哥萨克人

文化属于历史的范畴，每一社会群体都具有与其形态相适应的文化特色。俄国哥萨克在其近五个世纪的历史发展中也形成了自己独特的文化。“哥萨克人”一词最早记载于1240年《蒙古秘史》一书，被称为哥萨克的人为蒙古军队骑

杨素梅，河南开封人，1993年7月至2019年4月工作于河南大学外国语学院，现为安徽师范大学外国语学院“第聂伯-伏尔加”两江流域研

究中心教授，博士生导师。主要研究方向为：俄罗斯历史与文化。本文为国家社会科学基金项目（17BWW044）、河南省高等学校哲学社会科学研究优秀学者资助项目（2018-YXXZ-04）、河南省教育厅人文社会科学研究项目（2018-ZZJH-081）的阶段性研究成果。本文部分内容发表于《民族论坛》2018年第4期。

兵。俄文中“казак”（哥萨克人）一词最早出现于俄文壮士歌中，歌颂1380年参加库里科沃战争的顿河哥萨克人。而在俄国编年史中首次提到“казак”一词是1444年，记录了居住在切尔夫里·亚洛的哥萨克人把汗国王子穆斯塔法赶到佩列亚斯拉夫里-梁赞的故事。在哥萨克学研究中，由于缺乏历史文献和资料，哥萨克人的起源和身份至今仍是研究者争论的问题之一。18世纪俄国著名的史学家和文学家卡拉姆津认为，哥萨克人的历史早于拔都时期，早在9世纪哥萨克人就开始生活在基辅罗斯。他们不屈服于蒙古、立陶宛的压迫和统治，逃到这些地区成为自由人。他们居住在第聂伯河水域的小岛上、悬崖峭壁上以及荒无人烟的地方。而俄国一些研究者依据民间传说推断哥萨克人的起源。一些俄罗斯学者认为哥萨克人诞生于希腊神话所描绘的英雄时代。19世纪末20世纪初俄国著名史学家Е. П. 萨维里耶夫认为，哥萨克人的祖先是亚马孙女人。据古代作家记载，生活在顿河地区马背上作战的哥萨克人十分勇敢，有魅力，性格特征和生活方式跟亚马孙女人十分相似，哥萨克人应该是其后代。

俄国哥萨克的形成和发展与俄国历史和社会

发展密不可分。16世纪前哥萨克迫于生存条件的限制而结成自由的群体，他们共同狩猎、捕鱼。自16世纪下半期起俄国不断加强对外殖民扩张，自由的哥萨克人从俄国雇佣兵慢慢转变为俄国边防的卫戍兵，并沿俄国南部边境自西向东形成以哥萨克村为据点的边防线。18世纪初俄国开始实施哥萨克一体化政策，哥萨克成为俄国一个独特的封闭军事阶层。在哥萨克形成早期，哥萨克人已经形成自己的社会特征。哥萨克人由全体人员组成的克鲁科大会选举出的阿塔曼领导，之后由俄国沙皇委派的阿塔曼领导。

早期的哥萨克人主要生活在第聂伯河和顿河流域一带，但随着俄国不断地向南、向东的殖民扩张，俄国政府将部分顿河哥萨克迁居到新的领地，并补充壮大哥萨克队伍，进而形成不同地区的哥萨克。不同地区的哥萨克其形成的时间、形成方式、民族成分不同，故其文化特征也不同。生活在顿河、捷列克河和乌拉尔地区的哥萨克是在无任何干预下形成的哥萨克自由群体。最初，这些分支哥萨克的文化是草原型的，具有游牧民族的文化特色，归顺于俄国之后，开始独特的军事阶层的文化生活。第聂伯地区的哥萨克在1569年前接受的主要是立陶宛大公国的文化，而自1654年起，第聂伯河右岸盖特曼生活区的哥萨克，其文化接近于东北罗斯的文化。这些哥萨克地区的文化类似于斯拉夫人的文化。而捷列克哥萨克人多数由生活在高加索山地的山民组成，其文化属于山民文化。生活在西伯利亚的哥萨克，完全是通过俄国移民而来的俄罗斯族人，其文化具有俄罗斯族文化特征。但是，由于土著民族的加入，这些地区哥萨克的文化也融入了当地土著人的文化特点。

哥萨克形成了其独特的日常生活方式和居住形式。其居住方式历经多年的演变发生了很多的变化，从由简陋的木房（юрта）形成的小村寨（худор）到由坚固的“尤尔特”（юрта）组成的防御性营寨（городок），再到大型的村镇（станица）、城镇（город），反映了哥萨克居住文化的变迁。早在15世纪前，顿河地区已经形成哥萨克小小的村落，16世纪末在这些村落的基础上建成防御性的营寨。而18世纪在顿河地区哥萨克已经建成规模比较大的村镇和城市。顿河地区哥萨克的村称为станица，而在第聂伯河流域、库班河流域、黑海沿岸地区，哥萨克最早的村被称为“курень”。自1840年起，库班河流域小的村改名为куренное селение，但大的村叫станица。курень也是哥萨克小分队的称呼。在俄国哥萨克一体化之后，哥萨克村均被称为станица。

哥萨克的文化生活方式有其日常文化生活方式的独特性，具有斯拉夫-突厥人的成分，又有当地民族的传统，进而形成自己特有的文化类型。哥萨克文化不是对其他文化的简单的复制，而是在不同文化相互影响、相互补充、相互交融的过程中最终形成的独具特色的哥萨克历史文化。独具文化特色的哥萨克人也造就了哥萨克在人类历史上独特的历史角色。俄国本是远离中国的内陆欧洲国家，仅在俄国征服了西伯利亚之后才成为中国的邻国。哥萨克人为俄国殖民扩张的马前卒。

哥萨克是俄国时期一个独特的军事阶层，在俄罗斯千年历史中具有十分重要的作用。无论过去或是现在，俄罗斯政府都不可能忽视这一特殊社会群体。1914年前在俄国西南部，黑海沿岸至东部太平洋海岸漫长的边境地区形成众多分支哥萨克，共划分为12个哥萨克军区[①]（область войска），总人数为640多万人，其中生活在俄国西南部顿河（Дон）流域的哥萨克，即顿河哥萨克（донские казаки）军事实力最强，人数最多，占俄国哥萨克总人数的六分之一。16—19世纪根据不同的历史背景和国家需要，俄国政府针对顿河哥萨克采用一系列政策和措施，将哥萨克由自由的社会群体转变为独特的封闭军事阶层，使其成为俄国对外殖民扩张的工具。由于殖民扩张的需要，俄国政府采取优惠或强制措施在新殖民地上形成多个哥萨克分支。19世纪下半期随着俄国国内外战争的减少，俄国政府开始分化哥萨克阶层，使其成为俄国普通的公民。今日不断兴起的哥萨克社会群体为俄罗斯提供诸多方面的服务，如军事服役、治安巡逻等。2012年11月27日身穿哥萨克传统军装的中央哥萨克军组成的巡逻队开始出现于莫斯科街头和公共场所，他们的功能是协同警察维持莫斯科的公共秩序。这样的哥萨克巡逻队在库班等城市也相继组建。针对哥萨克这一特殊群体，每一届俄罗斯政府均会颁布相应的法规和总统令，以规范对哥萨克的管理，不断恢复哥萨克的服务功能和哥萨克精神。独具特色的哥萨克人也具有其独特的历史功能。哥萨克人不仅是俄国对外殖民扩张的马前卒，也是俄国对外交往的护卫兵和使者。哥萨克人在中俄关系发展中同样也起着不可忽视的作用。

① 俄国时期12个哥萨克军区是：顿河哥萨克军区、库班哥萨克军区、捷列克哥萨克军区、奥伦堡哥萨克军区、外贝加尔哥萨克军区、西伯利亚哥萨克军区、乌拉尔哥萨克军区、阿斯特拉罕哥萨克军区、谢米列奇哥萨克军区、阿穆尔哥萨克军区、乌苏里哥萨克军区和伊尔库斯科—叶尼塞河哥萨克军区。哥萨克军区在1870年前被称为“军屯”（земля войска）。

## 二、16—19世纪中俄关系史上的哥萨克人

自17世纪至今中俄交往已有400多年的历史，在这个曲折漫长的历史中哥萨克人起着十分重要的作用。哥萨克作为中俄关系发展的使者、侦察人、外交人、传教士，见证了这一发展的历程。自17世纪起哥萨克人就随俄国外交使团、俄国商团、传教士被派往中国。

16世纪末是中俄外交关系史上一个关键点。16世纪欧洲人对中国的兴趣急剧增加，其中最积极的是葡萄牙人，他们在澳门建立了自己的海外贸易站。其他外国人也竭尽全力寻找通过莫斯科公国到达中国的途径。而俄国16世纪末在殖民西伯利亚时也开始试图与中国建立联系。17世纪受西方影响俄国加强了对中国的探访。在瓦西里·舒伊斯基时期，1608年俄国首次派使团前往中国，但由于多种因素代表团未能成功到达中国。自此，为了寻找到达中国的道路，俄国沙皇多次派勘察队、使团、商团前往中国，而哥萨克人是这些团队的领头人或先锋军。1608年俄国政府派往中国的第一个使团由托木斯克哥萨克组成，阿塔曼伊·别洛戈洛夫（И. Белоголов）为首，其目的是寻找阿尔坦王国（Алтын-царь）和中国（Китайское государство）。但当他们到达蒙古人生活区时受到打击，哥萨克人被迫返回俄国。虽然使团这次没有能够达到目的地中国，但他们在途中从居住在叶尼塞河流域的吉尔吉斯人那里获得了关于中国的一些信息。1616年哥萨克阿塔曼瓦西里·丘灭涅茨（Василий Тюменец），哥萨克人库尼宁（Куникин）、伊凡·彼特罗夫（Иван

Петров）组成考察团前往中国。他们到达阿尔泰汗国，受到汗王的热情招待。俄国使者向汗王表达俄国与汗国建立友好关系的愿望。该使团还经过图瓦人的领地。在返回俄国之后，库尼宁、伊凡·彼特罗夫向俄国沙皇描绘了行程的地理信息，以及图瓦人的文化和生活习俗。

哥萨克人伊凡·比特林（Иван Петлин）可以被认为是俄国派往中国的第一位大使，虽然他没有拿到俄国沙皇的授权书，也没有给中国皇帝带去见面礼。1618年米哈伊尔·费多罗维奇在位时，俄国第一个由伊凡·比特林率领的国家大使团从托木斯克出发前往中国。1618年5月9日他们到达阿尔泰汗国，与从莫斯科派来的俄国使者一起到达蒙古人生活的地区。之后，他们到达我国北部一带县城，沿着县城向前行进，又经过3个月的徒步，于当年的9月1日到达北京。这次俄国使团对中国的出访可以说十分成功。哥萨克人不但到达北京，而且见到中国官员，了解了中国文化。伊凡·比特林在日记中记载了他到北京途中的见闻和在北京的情况，同时，他也描绘了北京这座古老城市，以及北京的花园、寺庙，北京人的服装，记述了中国宏伟的城墙。他们在北京仅呆了4天，虽然没有见到中国皇帝，但得到了中国皇帝的御书。在这份御书中，中国皇帝允许俄国向中国派驻大使，允许俄国人来中国经商，表示中国愿意与俄国发展商贸关系。

伊凡·比特林使团这次成功出访中国在中俄关系史上具有重要的意义。这是俄国与中国双方政府官员首次正面接触。伊凡·比特林开辟了一条从欧洲，途经西伯利亚、蒙古到达中国的路线。中国政府官员也通过他转交了中国皇帝写给俄国沙皇的信函。自此，中俄之间开始商贸往来、使团交往。1635年托姆斯克大贵族卢卡·瓦西里耶夫（Лука Васильев）向俄国外交衙门呈文，请求允许他们前往中国考察，但没有得到俄国政府的准许。但俄国探访中国的脚步并未停止。1641年由骑兵哥萨克叶梅利扬·威尔士宁（Емельян Вершинин）护卫，以托尔高特人酋长戴启恩（Дайчин）为首的骆驼商队到达中国西宁。商队1642年回到俄国，戴启恩带回了明思宗皇帝写给俄国沙皇的信函。自此，中俄之间确立了商贸之路和外交关系。1647—1648年雅库特哥萨克和叶尼塞斯克哥萨克分别组成以伊·博哈伯夫（И. Похабов）和亚·古拉科夫（Я. Кулаков）为首的哥萨克使团前往当时十分强大的喀尔喀蒙古之一的汗王车臣汗部。从车臣汗部那里，俄国人了解到中国存在两个部分：一个是统治着清朝北部的蒙古大汗，一个是明朝余部统治着的中国南部。

1670年俄国政府决定组成一个大使团派往中国，目的是就中俄边界上的冲突与中国进行商谈。当时，天性自由的哥萨克人以武力强行向中国管属的民众收取赋税，遭到当地人的反抗，引起中国的不满和抗议，最后导致武力冲突，影响了中俄之间的关系。该大使团以俄国外交衙门翻译尼古拉·斯帕法里（Николай Спафарий）为首，于1675年5月初出发前往中国。该大使团还肩负详细勘察西伯利亚和中国的任务。因此，该大使团由各类人员组成：绘图人员、土地测量人员、各级官员和服役的哥萨克士兵。在前往中国的途中，俄国政府了解到，边境上的哥萨克人与其相邻的游牧民族蒙古人已经开始了商贸往来。从彼得一世开始，俄国沙皇向中国派遣了几个教会使团。1721年彼得一世组建了一个以伊拉里翁（Иларион）为首的8人俄国东正教教会使团派往中国。该使团在北京受到特别接待和照顾。而第二个教会使团来到北京后，在今日的俄国使馆前身北馆建立东正教堂。这些来到中国的俄国教会使团不仅仅是传教士，更重要的是俄国的外交代表。17—19世纪初俄国派往中国多个使团，其中均有哥萨克人护卫。例如在1675—1677年由尼古拉·加夫里洛维奇·斯帕法里率领的使团中有40个哥萨克步兵和骑兵。1692—1695年叶利扎里·伊兹勃兰特·伊台斯出使中国的使团共90人，其中也有多名哥萨克。在1805—1806年尤里·亚历山德罗维奇·戈洛夫金伯爵的使团中有23名哥萨克。[①]如果俄国使臣最早访问中国是17世纪，那么，中国使臣最早到达俄国是18世纪。1712年俄国政府允许清朝皇帝公使图理琛[②]代表团访问卡尔梅克首领阿玉奇（Аюк）汗王。1713年使团到达托博尔斯克，第二年到达萨拉托夫，从那里来到距离察里津不远的卡尔梅克人领地。但是，这些使臣没有到达俄国首都，没有见到俄国政府官吏。

19世纪俄国政府决定积极地跟中国开展外交联系，以告知亚历山大一世登基之事为借口派以伯爵尤·戈洛夫金（Ю.А. Головкин）为首的使团前往北京。该使团的使命是，获得清政府的许可与整个中俄边境贸易，允许俄国船只在黑龙江运送粮食，允许俄国船只进入广州口岸和其他中国海港。1805年末在未得到尤·戈洛夫金任何消息的情况下，俄国轮船“希望”号和“涅瓦”号在伊·克鲁森施滕（И.Ф. Крузенштерн）和尤·李相斯基（Ю.Ф.Лисянский）的指

①叶柏川著:《早期俄国来华使团人员构成考察》,《清史研究》2003年第1期,第99—100页。

②Тулишень,中国名字为图理琛。

挥下到达广州。获得中国海关领导的准许后组织这次贸易活动的俄美公司的代表顺势出售运来的货物。俄国两艘轮船的到来引起广州官员的担忧。他们找到那里的外国人询问，这批外国人来自哪个国家。广州口岸拥护与俄国贸易的人是广东海关领导闫峰，他向嘉庆皇帝提交报告陈述了自己的意见。他在报告中写道：现在有两艘外国蛮人克鲁森施滕和李相斯基的商船通过海洋来到广东，他们与其他外国蛮人一样，十分有礼貌地请求允许他们贸易。虽然这样的事以前未曾发生过，但他们十分有礼貌和恭顺，而如果拒绝他们打开船舱，卸下货物，支付罚款，让他们返回，那么，这意味着违反了我们大国“善待远方的来客”之一理念。自此，俄国商人慢慢地打开了中国商业的大门。

## 三、俄国侵略中国战争中的哥萨克人

16世纪前在西伯利亚的土著居民中没有斯拉夫人，更没有俄罗斯族人，俄国还仅是一个欧洲小国，远离中国。自16世纪晚期，俄国的马蹄开始跨过乌拉尔山脉侵占西伯利亚各个地方。[①]1582年顿河哥萨克阿塔曼（首领）叶尔马克（Ермак）率领哥萨克人出征西必尔汗国。[②]自此，俄国开始向地域辽阔的东方殖民扩张，中俄之间也开始了利益和领土之争，两国间的冲突由此展开。

① 北京大学历史系《沙皇俄国侵略扩张史》编写组编：《沙皇俄国侵略扩张史》，人民出版社1979年版，第58—59页。

② 北京大学历史系《沙皇俄国侵略扩张史》编写组编：《沙皇俄国侵略扩张史》，人民出版社1979年版，第60—61页。

位于欧亚大陆东北部的西伯利亚，西起乌拉尔，东至太平洋沿岸，面积共1,200多万平方公里。在俄国入侵前，在西伯利亚的土著居民中没有斯拉夫人。自16世纪晚期，沙皇的铁蹄开始跨过乌拉尔山侵占西伯利亚各个地方。沙皇吞噬西伯利亚是为其建立“第三罗马帝国”而侵占富有经济价值的广大领土。[①]俄国为侵占西伯利亚而派出的首批武装人员正是以顿河哥萨克叶尔马克为首的500多哥萨克组成的队伍。叶尔马克本名瓦西里·季莫费耶维奇·奥列宁(Василий Тимофеевич Оленин)，叶尔马克是他的绰号，意思为“磨石”。叶尔马克原为顿河哥萨克，因为偷盗马匹而被判死刑后逃到伏尔加河地区纠集一帮人抢劫伏尔加河过往的船只。之后，因为抢劫前往莫斯科宫廷的波斯和布哈拉商队被沙皇下令缉拿，于是，他率众投靠斯特罗干诺夫家族。这个家族主要的地盘在北德维纳河的乌斯丘克地区和卡马河的彼尔姆地区，已有100多年的发家史。对西伯利亚俄国沙皇觊觎已久，但由于兵力有限，征服西伯利亚多次未成。于是，1574年沙皇授权斯特罗干诺夫家族招兵买马征服西伯利亚汗国。斯特罗干诺夫接到沙皇对西伯利亚军事征服的命令后，积极备战。1579年9月他招募以叶尔马克为首的500多人哥萨克，组成哥萨克军。1581年叶尔马克率领540人的哥萨克队伍和300名由俄国士兵、立陶宛和日耳曼战俘组成的俄国军出征西伯利亚。[②]

双目失明的西伯利亚汗古楚在首都西比尔聚集起三十倍于叶尔

① 北京大学历史系《沙皇俄国侵略扩张史》编写组编:《沙皇俄国侵略扩张史》,人民出版社1979年版,第58—59页。

② 北京大学历史系《沙皇俄国侵略扩张史》编写组编:《沙皇俄国侵略扩张史》,人民出版社1979年版,第60—61页。

马克的兵力，派儿子马梅特库尔指挥抵抗。鞑靼人躲在被砍倒的树木后用一阵阵的箭雨顽强抵抗，但哥萨克火炮和火枪的威力更加强大，犹如锐利的闪电洞穿鞑靼人坚固的盔甲。战斗中，马梅特库尔负伤，无人指挥的鞑靼军四散败退。叶尔马克率兵攻占了西伯利亚汗国的首都，俄国人用西比尔的名字称呼乌拉尔山以东的整个地区。

16世纪末西西伯利亚广袤的地域并入俄国。俄国在17世纪开始征服东西伯利亚和远东地区。1628年在叶尼塞河河岸建立克拉斯诺亚尔斯克（Красноярск）。1623年哥萨克百人长别克托夫（П.И. Бекетов）在勒拿河建立了雅库特边防堡垒（Якутский острог），成为俄国人侦察东方的中心之地。1639年以莫斯科维京（И.Ю. Москвитин）为头目的哥萨克队伍到达鄂霍次克海海岸，这成为俄国人占领太平洋的开始。1644年哥萨克人博雅尔科夫（В.Д. Поярков）带领的侦察队到达黑龙江，成功渡过鄂霍次克海，来到黑龙江下游的尼夫赫人的村寨，并迫使黑龙江下游的部分居民加入俄国国籍。

在征服西伯利亚的60年内，俄国在新领地建立了许多木质哨卡和堡垒，由哥萨克兵守护，之后发展为哥萨克人村镇或城市。俄国士兵在1587年修建第一座要塞托博尔斯克（Тобольск）之后，又沿边境修建多座要塞：1594年的塔拉（Тара）、1604年的托木斯克（Томск）、1617年的库兹涅茨克（Кузнецк）、1619年的叶尼塞斯克（Енисейск）、1628年的克拉斯诺亚尔斯克（Красноярск）、1632年的雅库茨克（Якутск）、1652年的伊尔库茨克（Иркутск）等。哥萨克人依据这些据点在西伯利亚不断扩大殖民地。1639年由哥萨克伊凡·莫斯克维金率领的一小队人马到达太平洋海岸。1648年另一个哥萨克谢苗·尼日尼奥夫率领一帮人，乘五只小船从克雷马河口出发，绕过西伯利亚东北角穿越白令海。1639年由维金率领小队人马到达了太平洋海岸。1648年哥萨克谢苗·尼日尼奥夫率领一帮人，乘五只小船从克雷马河口出发，绕过西伯利亚东北角，穿越白令海峡。①

俄国最早侵占我国领土是从1643年以哥萨克波亚尔科夫为首的第一批俄国侵略者侵入黑龙江流域开始的。明崇祯五年（1632年），沙俄扩张至西伯利亚东部的勒拿河流域后，建立雅库茨克城。以作为南下侵略中国的主要基地。1638年俄国政府下令成立雅库茨克督军府，把勒拿河流域大片地区强行并入俄国版图。1643年雅库茨克督军戈洛文下令，将西岸的雅库茨克城迁于勒拿河的东岸。从此，雅库茨克成了沙俄侵略中国东北地区的指挥中心，沙俄从这里不断地派遣武装人员入侵中国黑龙江流域。1643年戈洛文派哥萨克阿塔曼波亚尔科夫率132个哥萨克人沿勒拿河下行侵入黑龙江流域。这些侵略者四处抢掠，灭绝人性地杀虐达斡尔族人，被黑龙江地区人民称为“吃人恶魔”。继波亚尔科夫之后，哥萨克人不断入侵黑龙江地区，屠杀当地居民，掠夺财物。1649年哥萨克哈巴罗夫率兵70名从雅库茨克出发侵入黑龙江，强占清朝达斡尔头人拉夫凯的辖区，及其雅克萨城寨（今黑龙江左岸阿尔巴金诺）。1650年，俄国在强占中国领土尼布楚之后，又强占雅克萨城，之后不断派人四处袭击

① 尼古拉·梁赞诺夫斯基、马克·斯坦伯格著，杨烨，等译:《俄罗斯史》(第七版)，上海人民出版社2007年版，第140—179页。

达斡尔居民，捕捉人质，掳掠妇女，杀人放火。

俄国将黑龙江沿岸的部分地区并入俄国后，将一部分满族人从其原住地向北和东北地区驱赶，结果俄国成了中国的邻国，中俄之间的冲突和战争就此开始。1652年满族人攻击侵占阿羌城堡的哥萨克哈巴罗夫的队伍，但被击败。之后，哥萨克人与满族人又发生了多次冲突。1658年6月由47只船组成的清兵舰队在黑龙江下游河口与哥萨克人斯捷潘诺夫（О. Степанов）带领的队伍发生冲突，清兵打死大部分哥萨克兵，哥萨克兵放弃该地区。之后，满族人不断阻止俄国人向黑龙江沿岸靠近，冲突不断。清朝政府将俄国人看作无名的野蛮的部落，而打击俄国人也被看作平定叛乱。到17世纪中叶，形成俄国和中国直接的对立。1685年6月俄国人占领雅克萨后称之为阿尔巴津。经过激烈的围攻后，中国获得胜利。以军政长官托尔布津（А. Толбузин）为首的300人逃向涅尔琴斯克，少数人去了雅库茨克，而被劝服的25个哥萨克人一起逃到中国关内。

中俄之间的贸易要归功于外贝加尔哥萨克，正是哥萨克人为俄国沙皇夺取了贝加尔湖地区。雅克萨之战后，中俄之间签订《中俄尼布楚条约》，中国丧失了25万平方公里的土地。虽然《中俄尼布楚条约》限制了俄国疆界向东南方的推进，但俄国在西伯利亚南部和东南部的活动仍然十分积极，仍采用哥萨克城堡体系的防御方式，渐渐向南部推移，建立哥萨克防御据点。哥萨克成为俄国边界的保卫者，也成为中俄交往的护卫者。为了从中国获得更多的黄金和贸易收入，俄国政府竭尽全力派使团和商团到中国。1692年俄政府派丹麦人叶利扎里·伊兹勃兰德出使北京朝见清朝皇帝康熙并进行商谈。他顺利地完成了任务。满族对俄国开放贸易，允许派商队去往北京。商队经尼布楚、额尔古纳城堡、齐齐哈尔，再到北京。因为中俄边界一直未划定，不断的军事冲突常常导致贸易中断，但自此开启了中俄之间的贸易和外交往来。哥萨克人不但成为边界的守卫者、使团和商团的护卫者，也成为负责向商人征收税收的人员。[①]

自16世纪末俄国派遣不同人员征服整个西伯利亚，直至西伯利亚北部、东部各个临海，并不断地入侵中国，哥萨克人成为俄国殖民扩张的马前卒。1648年哥萨克探险家杰尼日奥夫顺勒拿河而下，沿北冰洋东行，到达亚洲最东端的白令海峡；西伯利亚哥萨克阿特拉索夫在1697—1699年完成远征堪察加半岛，首次报告关于堪察加半岛和千岛群岛的信息；哥萨克谢明·杰日尼奥夫率领其部下在1648年从克雷姆角漂游到太平洋，绕过楚科奇半岛发现亚洲和美洲之间的海峡；哥萨克费多尔·波利亚尔科夫在1643—1646年到达黑龙江河河口；哥萨克耶罗菲·哈巴罗夫在1649—1653年完成黑龙江河岸的远征，在中国建立俄罗斯人的居住地，并绘制黑龙江河流域的地图。这样，俄国仅用几十年的时间就征服了1,200多万平方公里的西伯利亚及其临海，以及中国大片土地。俄国从1462年的43万平方公里的内陆国到1553年的280万平方公里的莫斯科大公国，再到17世纪末的1,700多万平方公里的俄罗斯帝国，仅用200多年，一跃成为世界第一大国。俄国版图迅速地扩大离不开哥萨克人的马刀和马蹄，哥萨克人作为俄国扩张的急先锋成为最早的西伯利亚常

① А.П. 瓦西里耶夫著，徐滨，等译：《外贝加尔的哥萨克》（第二卷），商务印书馆1979年版，第13—51页。

住俄罗斯人。俄国殖民者每占领一个新地方就建立自己的哥萨克军屯，这些军屯构成俄国边境上坚固的防御线。军屯制是俄国能够成为世界第一大国的主要手段之一。

哥萨克人不仅参与了中俄之间在西伯利亚发生的战争，而且成为中俄签订条约的见证人。哥萨克士兵参与了《中俄尼布楚条约》（1689）、《布里条约》（1727）、《恰克图条约》（1728）、《阿尔贡条约》（1858）、《北京条约》（1860）等条约的签订。历史上沙皇俄国共侵占中国170多万平方公里土地，其中1858年中俄《瑷珲条约》，割让外兴安岭以南、黑龙江以北的约60万平方公里土地；1860年中俄《北京条约》，割让乌苏里江以东，包括库页岛在内的约40万平方公里土地；1864年中俄《勘分西北界约记》等条约，割让巴尔喀什湖以东以南约44万平方公里土地。历史无法改变，但不能忘记。

## 四、侨居在中国的哥萨克人

俄国人最早侨居中国是在17世纪，即中国和俄国开始冲突和战争伊始。俄罗斯学者阿列克赛·索科洛夫（Алексей Соколов）认为，自彼得一世时期起，东正教开始在中国传播。而中国的皇宫护卫人员中就有信仰东正教的哥萨克士兵。这些哥萨克人是康熙皇帝时期，中国军队在占领和摧毁雅克萨要塞之后被捕的俄国人。他们被带到北京，开始护卫皇宫。1665年一支哥萨克队伍到达属于中国管辖的黑龙江河岸，并建立坚固的城堡雅克萨，17世纪80年代这里居住了几百名哥萨克人和农民。可以说，这是第一批居住在中国的哥萨克人，当然，是非法的。1684年俄国政府将其划归雅克萨督军区。1685年康熙皇帝命令中国军队摧毁雅克萨，雅克萨哥萨克兵被俘虏。但康熙对被俘的哥萨克人十分仁慈。当皇帝听说，雅克萨哥萨克十分英雄善战，他就吩咐中国将领，立刻将被俘的雅克萨哥萨克带到北京，并在中国军队面前称赞雅克萨哥萨克人的勇敢和战技。康熙皇帝将雅克萨哥萨克安置在北京，并给予很大的关心和照顾。康熙吩咐，在北京西北部专门为哥萨克人划出空地修建他们的家园，哥萨克人由皇帝专管。他们被划归为军事阶层。在当时的中国，其地位仅次于官吏。这些被俘的哥萨克享有军事阶层的各种优惠条件：公家的房子、薪饷、免费的粮食、一块田地和墓地。雅克萨哥萨克在北京建造了第一座东正教钟楼，成为在中国最早的东正教传教人员。哥萨克圣人马克西姆·列昂季耶夫（Максим Леонтьев）在雅克萨哥萨克被俘时，带领他的哥萨克东正教教徒一起来到北京。他是第一个在中国传播东正教的传教士，成为中国东正教传播的奠基者。1711年马克西姆·列昂季耶夫在北京去世。定居在北京的雅克萨哥萨克及其后裔积极地从事中俄之间的外交联系和商贸往来。自17世纪末至今，在中国的雅克萨哥萨克人一直保留着东正教信仰。由于他们的努力，中俄之间多年没有发生战争。

20世纪初随着俄国革命的发生，多数哥萨克人开始了其悲剧性的命运。由于多数哥萨克人不接受苏维埃政权，并强烈地与苏维埃作斗争，其结果是，一部分哥萨克人战死，一部分哥萨克人逃亡国外，其中包括中国。多数西伯利亚哥萨克人逃往中国东北、上海、天津等地。19世纪末20世纪初俄国人前往中国有两次大潮：一是

1897年中东铁路开始修建，随着该铁路的建设，越来越多的俄国人和军人来到哈尔滨。二是1917年十月革命爆发后至20世纪20年代末，大批的俄国公民和军人逃亡中国。“白军将领科尔尼洛夫被击毙，高尔察克被活捉，邓尼金随白冰四处逃窜。1918年春，沙俄将军伊凡诺夫率领300名哥萨克官兵和俄国难民由伊犁进入新疆。”[①] 20世纪20年代，大量的西伯利亚哥萨克、外贝加尔哥萨克、远东哥萨克逃亡中国的东北、天津和上海，常常是整个的哥萨克村村民一起迁居中国。据统计，1917年哈尔滨居民超过了10万人，其中俄国人将近4万人。而在20世纪20年代的俄国革命和国内战争时期有近10万哥萨克人逃到哈尔滨，也有少数的非哥萨克人。[②]

生活在中国的哥萨克人逐渐接受中国的文化和风俗，尽管他们一直信奉东正教，其后裔与中国人通婚，讲汉语，改汉姓。一般阿尔巴津哥萨克人的俄罗斯姓氏都根据谐音改成了汉姓，即根据俄罗斯姓氏中的第一个字母，取一个发音接近的汉姓，例如，罗曼诺夫（Романов）改为罗姓、哈巴罗夫（Хабаров）改为何姓、雅克甫列夫（Яковлев）改成姚姓、杜必宁（Дубинин）改为杜姓、贺洛斯托夫（Холостов）改为贺姓等。20世纪50年代前，侨居我国的俄罗斯人没有户籍，被称为“归化族”，俄罗斯人居住的村子被称为“归化村”。50年代后应俄罗斯人的要求改称为俄罗斯族。哥萨克人与其他俄罗斯人统称为俄罗斯族。据统计，今日在中国生活的俄罗斯侨民有1.5万多人，其多数是哥萨克人的后裔。俄罗斯族在全国31个

① 俄罗斯族简史编写组编:《俄罗斯族简史》,民族出版社2008年版,第13页。

② 胡博雅、鲁刚著:《哈尔滨俄罗斯侨民与中俄文化的交汇融合》,《黑龙江省社会主义学院学报》2010年第2期(总第61期),第43—46页。

省、自治区、直辖市中均有分布，主要集中在新疆维吾尔自治区西北部、黑龙江北部和内蒙古自治区东北部的呼伦贝尔市等地，共约1.4万人，占俄罗斯族总人口的89.4%。2005获得CCTV全国十佳魅力名镇的室韦镇是我国为数不多的俄罗斯民族乡之一。小镇是中俄边陲的小镇，位于内蒙古自治区呼伦贝尔额尔古纳市境内，主要由室韦蒙古族发祥地区域和恩河俄罗斯民族村区域组成，是中国内蒙古自治区现行最北部的乡（镇）之一。小镇现居住着1800多口人，其中俄后裔占63%。由于俄罗斯族迁来我国的时间不长，他们当中有不少人在俄罗斯还有自己的亲友。新中国成立后，他们之间又恢复了关系，不少人要求返回家乡与亲人团聚。20世纪50年代，经中苏两国政府协商同意，他们陆续迁回家乡，也有部分俄罗斯人迁往澳大利亚和加拿大等地。今日生活在中国的俄罗斯侨民仍然与生活在俄罗斯的亲属保持联系。俄罗斯侨民保持自己的信仰和文化，组建俄罗斯民间组织。

# “一带一路”下中俄体育跨文化交流

◇高　升

**内容提要：**随着体育全球化发展，各国体育文化交流与共存是必然趋势。“一带一路”倡议加快了中俄两国文化交流的互通和繁荣，同时也为中俄文化交流带来了新的机遇和挑战。理论上，中俄体育跨文化交流需要在全球资本主义和消费文化的氛围下，发挥体育企业、体育明星和体育消费者等代理人的资本、渠道作用，并借助政府与非政府组织等辅助者的技术、权力和规则以及惯例的力量。研究发现：中俄体育跨文化交流并不仅仅限于竞技体育领域，在青年发展、人文交流、友好合作等方面都有所涉及，但还缺少专门的政策框架，民间和企业交流的平台还有待进一步整合，且中俄体育跨文化交流的载体效能有待提高。建议构建“一带一路”下中俄体育交流合作框架，以体育旅游发展平台推动企业与社团参与，培养跨文化传播人才，提高跨文化交流效能。

**关键词：**“一带一路”　体育文化　跨文化交流　政策推动

# 引 言

“一带一路”倡议是新形势下中国全方位建构对外开放新格局和对互利共赢国际合作模式的新探索、新创举，是中国从国际和国内形势出发提出的全新国际合作理念。这不仅有助于中国和沿线各国开展国际交流合作，也有助于推动各国人民齐心协力共同建构人类命运共同体。“一带一路”倡议促进了中俄两国文化交流的互通和繁荣，同时也为中俄文化交流带来了新的机遇和挑战。

高升，男，汉族，中共党员，1994年毕业于安徽师范大学体育系体育教育专业，教育学博士，教授，博士生导师，安徽省学术与技术带头人后备人选。主要研究领域为：体育管理学和体育法学。

体育领域的跨文化交流一直受到中俄两国的高度重视。1991年苏联解体后，为了解决好两国关系的继承问题，双方在1992年12月28日发表《关于中俄相互关系基础的联合声明》（以下简称《声明》）。《声明》指出：基于中俄两国人民之间友好睦邻的历史传统，根据中俄首次高级会晤的结果，双方将促进并扩大文化、艺术、教育、信息、旅游和体育领域的相互联系，以及两国青年间的交流。体育的跨文化交流随着两国政治互信的不断增强而得到深入发展。随着“一带一路”的推进，中俄体育跨文化交流正发展并形成全方位、新常态、多层次、宽领域的交流合作格局。

## 一、理论背景

“跨”意味着不同文化状态的碰撞、融合，跨文化就是以传播为纽带联结不同文化，并不断建构。冷战以后，文化因素异军突起，成为21世纪国际关系的显著特征，一国对他国的影响也越来越表现为其文化影响力。以温特为代表的建构主义学派，从理论上阐述了国际社会不仅是国家权力和利益的角逐，也是不同人际、团体和社会间共有观念的交流和碰撞。文化认同与观念互动成为一种推动国际关系良性互动的重要战略资源。

在传播与科技文明尚未大规模地介入现代生活之前，人员（早期是传教士、体育教师、商人、军队，后期是普罗大众）的地理流动是体育跨文化传播的主要载体。各种现代性的元素镶嵌在体育的结构之中，扩大了现代体育发展与传播的内在能量，促使体育成为具有深远影响力的文化载体。随着时间的流转，体育跨文化传播通过人员流动、体育体制的学习与模仿建立、体育俱乐部的发展、赛事的传播等关键环节，逐渐发展为一个庞大的体育文化交流场域，让各种体育文化的生产和消费部门不断扩大，并与政治、经济、文化、教育、军事等社会制度产生密切的联系。

中俄互为两个最大的邻国，同为新兴大国，国际战略意义、战略理念相近。文化交流、文化沟通是中俄深度合作和长远合作的基础，体育的跨文化交流在中俄合作中作用巨大。当前，全球资本和消费文化的发展代表了一种新的体育秩序，体育正在成为市场逻辑下，政治、经济、文化、科技发展的重要载体。跨国企业与媒体主导的流行商业文化，塑造了世界各地体育消费者们的文化品位、实践和影像记忆。体育跨文化传播始终在“霸权”与“抵抗”中进行着博弈。民族国家一直是跨文化传播中最清晰的主体，也是其研究的核心，但随着全球化浪潮的兴起，网络、移动终端等新技术的出现增加了许多文化认同的主体，中俄体育跨文化交流的博弈，是镶嵌在文化代理人和相关组织机构身上的。体育跨文化交流，需要传播代理人以及外部机构来支撑起整体过程和完整战略。

### （一）氛围(Ambience)：处在全球资本主义和消费文化中的现代体育

现代体育的全球传播发端于19世纪末。19世纪70年代到20世纪20年代，是现代体育的崛起阶段，其间众多的国际性比赛、世界锦标赛以及巡回赛开始发起和兴盛，观众逐渐增多，大量国际体育组织也纷纷成立。早期的体育赛事有效地消弭了世界各地体育活动的局部差异，对促进体育标准的全球化起到了积极的作用，现代体育大多数项目的比赛规则开始逐步明确。

如今，我们正在经历一轮新的历史转变和社会文化转型，这种转变或转型不同于以往的通常意义上的神学与科学之争，也不是带有革命性质的阶级斗争，而是一种全球化进程的深入推进。德国著名的社会学家乌尔里希·贝克（Ulrich Beck） 将这一过程形容为一个风险社会舞台，这个舞台的受害者同时也是其最强大和最忠实的代理人——消费者。体育也经历着全球消费文化带来的冲击。无论是体育消费者，还是体育产品和服务的生产者，无论是皇家马德里俱乐部的电视支持者，还是媒体专家，都无法抗拒这场变革。总的来说，他们热情地支持、配合甚至崇拜体育全球化进程。

一方面，现代体育是人类发展体能与身体技术、表现体质、愉悦身心的活动，是表现人类智力、战胜困难与对手的欲望的活动，也是人类通过身体表现、规则和竞技实现教育目的的活动，所以，体育在本质上具有身体活动性、竞技性、教育性和娱乐性的基本特征，具有自我管理、自我服务的运行模式。另一方面，随着时代的发展，现代体育开始走向“过度严肃”及“理性化”的道路，促使人类的身体文化逐渐脱离无结构的“游戏行动”，进入结构清晰、角色分明的社会行动体系中。实践中的体育开始具有越来越强的“价值取向”，且许多价值取向与功能都超越了体育原有的意义，例如体育与世界和平、体育与精神文明建设、体育与社会发展、体育与经济增长、体育与社区整合、体育与城市营销……特别是在经济社会和市场逻辑下，当人们以上述各种间接的方式实践体育时，就要同时消费体育商品。从职业体育的观赏到休闲体育的体验、从体育明星的追捧到体育用品的消费与购买，体育成为市场逻辑下，政治、经济、文化、科技发展的重要载体。处在全球化和市场化逻辑中的现代体育，已经不再是原初的“游戏行动”，我们了解现代体育的各种社会问题，需要有一种历史感，即“现在是过去的产品”。高度紧张的生活节奏对人们的健康产生了许多负面影响，人们的体育生活正在变成一种机械的自然连续体[①]。

而作为人类文化生活的一部分，体育正遭受着物化的挑战。这是物的消费的胜利。消费社会正在塑造新的世界秩序，新的经济制度，新的全球资本主义，同样，也提供了一种全新的体育和体育文化传播模式。在全球资本主义支持者看来，全球资本主义的发展打开了人类视野，带来更多的创造力，更多元的文化，更大的文化宽容度。在全球资本主义框架内，体育的功能便是带来全新的可能性，让人们通过体育寻找自由、个人选择、创意生活，从而获得更多乐趣。与此同时，体育的另一面便是解构，对传统的等级制度、客观主义标准、权威，造成冲击与抵制。这些新的发展代表了一种新的体育秩序。全球资本主义的发展带来了全球性的欢愉，其表现形式为各种象征性消费活动，某种意义上，体育就是通过文化产品的消费来获得健康的自我实现，体育可以成为实现生活理想的“代理空间”，在特定的现实中，成为一种象征性的表现[②]。可以说，离开了体育全球化，离开了消费文化，离开了全球消费图景中的体育阅听活动和消费活动，现代体育的任何议题都无从谈起。基于这一现实背景，必然要综合考虑资本、跨国企业、消费者、身份认同等要素。

① Funk, D. C.& James, J. D: A Conceptual Framework for Understanding an Individual's Psychological Connection to Sport. Sport Management Review, 2001(4), pp.119—150.

② Elias, N. & Dunning, E: Quest for Excitement: Sport and Leisure in the Civilising Process. Blackwell, 1986.

### （二）代理人（Agent）：跨国企业、体育明星和体育消费者

哈佛大学教授多丽丝·萨默（Doris Sommer）是一位“文化代理人”（Cultural Agent）观念的推动者。他曾这样说过：“文化代理是重要的，因为它可以促进实质性的社会变革，他们是破冰船。”[①]如前所述，研究体育跨文化传播模式，必然要综合考虑资本、跨国企业、消费者、身份认同等要素。

首先，跨国企业是体育跨文化传播的资本代理人。跨国企业与资本输出密切相关，是垄断资本主义高度发展的产物。奥运会和足球世界杯这样备受欢迎的国际大型体育赛事，具有广泛的号召性，可以吸引全球公众、电视转播商和企业关注。这些赛事最重要的商业行为就是推广赛事的品牌，特别是将赛事品牌与消费领域中的全球领先品牌发展成为赞助合作伙伴关系。而诸如网球、田径、篮球、棒球、板球等职业化发展较为成熟的体育运动项目，全球性的巡回赛事网络随着航空旅行的发展和电视转播报道的升级而得以建构。企业通过体育赞助，提升品牌的国际化形象和认可度，获得商业利益的同时也对该项体育运动文化的传播起到了推动作用。在体育全球化的背景下，体育跨文化传播是需要资本动力的。发挥重要文化传播作用的跨国公司有两类，一是体育赞助商，二是体育传媒公司。就目前情况而言，美国跨国企业与媒体主导的流行商业文化，对全球体育文化传播影响最为深远，塑造了世界各地体育消费者的文化

① Sommer, Doris: Cultural Agency in the Americas. Duke University Press, 2006.

品位、实践和影像记忆。这也意味着，体育跨文化传播始终在“霸权”与“抵抗”中进行博弈。美国大众文化的全球传播在很大程度上不可能形成一种具有同质性的全球文化，更不可能改变世界文化多元发展的大趋势。中国和其他国家如何将体育文化传播在保持本民族体育独立性的基础上，积极融入体育全球化的潮流之中，值得思考。正如基德（Kidd）所说的，当美国化主导了其他国家的体育发展时，这些国家的人民就会形成一种“文化依赖”①。

其次，体育明星是体育跨文化传播的形象代理人。拳王阿里之于拳击运动、乔丹之于篮球运动、贝利之于足球运动、费德勒之于网球运动、伍兹之于高尔夫球运动……体育明星的存在，让全世界的人可以“真切”地感受到一个运动项目带来的满足感和认同感。如今，体育明星已经不仅仅是赛场上的英雄，他们还是重要的文化符号，如同可口可乐、埃菲尔铁塔一样，体育迷们从这些明星身上获得一种“我是谁”的文化意向。不只上述全球知名的体育明星，我国在竞技体育领域取得的巨大成就，使越来越多的中国运动员问鼎世界体育巅峰，出现了姚明、刘翔、李娜等一大批知名体育明星。鲁迅先生在《且介亭杂文集》中说：“只有民族的，才是世界的。”②民族性使得他们身上不仅蕴含着巨大的商业价值，还承载了巨大的文化传播的功能。最为瞩目的现象是，越来越多的中国运动员走出国门，为加速文化交流、提高竞技水平、提升国家形象做出了很大的贡献。世界各国本土体育精英们在全球体育网络结构中的跨国流

① Kidd, B: How Do We Find Our Own Voice in the New World Order? : A Commentary on Americanization. Sociology of Sport Journal, 1991(8), pp: 78-84.

②《鲁迅全集·且介亭杂文集》，北京燕山出版社2001年版，第146页。

动牵动着各国的群体心理，影响着各地的文化、消费与国家认同意识。某种意义上，体育明星的文化形象，是一种“黏合剂”，将体育消费者、媒体阅听人以及怀抱梦想的体育迷等多元身份整合。

最后，体育消费者是体育跨文化传播的终极推动力量。体育跨文化传播是双向的，事实上，即便全球大多数国家对美国的体育文化有着不同程度的“文化依赖”，但还是能看到橄榄球在西亚、中国推广时遇到的困境。同样，即便发源于欧洲的现代足球如此的全球化，我们还是能看到美国的足球运动推广者面临的无奈。任何一种体育文化，在传播到终端后，都会被当地的体育迷们进行“在地化”的“消费”，从而转化成为一种新的体育文化，甚至多种体育形态。例如“中式八球”在中国的推广，受英国斯诺克和九球比赛的影响，借鉴了美式普尔八球的规则，中式八球在中国成为极具本土特色的一项体育运动。在台球运动在中国传播推广的进程中，民众产生了重要的影响，特别是在改革开放的初期，大街小巷摆满的“台球案子”成为市民文化生活的一个重要组成部分和一道风景，和西方的酒吧台球不同，中国的台球运动多了许多市井胡同的文化特色。一项竞技运动水平的高低，不仅与身体的强壮与否、普及的程度、职业化水平高低有关，也跟一个国家的自然条件、传统文化、人文习俗等因素有关。同是篮球运动，在各个洲就打上了自己鲜明的地域烙印。欧洲人把篮球运动理解为“配合”，所以欧洲球队特别“规矩”和守纪律；美国人把篮球运动理解为“对抗”，所以美职篮就打得特别火爆；亚洲人把篮球运动理解为“投篮”，所以就把篮球打得特别奇巧……而在我们唏嘘于中国足球、篮球发展困境的同时，也见证了中国乒乓球和羽毛球的辉煌。这背后其实有一只无形的手在掌控着——运动的文化精髓，即一项运动发展提高的群众基础和文化底蕴。正如前面提到的“中式八球”，这项从街边水泥球台风靡全国的“街头运动”，在短时间内从寻常巷陌登堂入室并逐步走向国际，依靠的不仅仅是企业、媒体和“中式八球”运动的推广组织，更重要的是它解决了项目发展过程中消费者、参与者的文化品位转型问题。由此可见，从文化接收和再构的角度看，体育消费者才是体育跨文化传播的终极推动力量。

### （三）辅助者（Assistance）：政府与非政府组织

体育跨文化传播，需要辅助者或称外部机构来支撑起跨文化交流的整体过程和整个战略。政府和非政府组织的辅助作用是必不可少的，它们在建立联系、公开谈判以及发展合作项目中充当主持人或调解人的角色。

首先，政府对体育跨文化传播有着内生的动力。随着新公共服务理论在全球的兴起，任何国家的政府对公共利益的追求都比以往更加强烈。体育作为极具社会综合性的一个文化领域，不仅是体育比赛，还能带来经济发展的新动力，为国家民族认同提供全球性的舞台，成为改善国内公民健康福祉的重要手段，同时也是各国政府推行全面教育必不可少的组成部分，是各国进行国家营销和地方营销的重要载体，甚至是各国政府宣传政绩、为政党争取选票的重要契机。体育文化的交流与活动，传播与吸纳，是重要的外交事务，也是服务本国大众的重要工作。根据奥斯本和盖布勒的观点，政府是服务者，而非掌舵者[①]，换句话说即政府是辅助者（Assistance）。由于体育跨文化传播的框架通常是在国与国之间，因此政府有着非政府组织不可替代的作用，但政府是不能大包大揽的，在国际著名的政府改革的理论倡导者和实践者、美国思想家戴维·奥斯本（David Osborne）和特德·盖布勒（Ted Gaebler）看来，政府所要做的并不是去具体执行体育跨文化传播事宜，而是提供一整套体育跨文化传播的政策和发展框架。

其次，非政府组织是体育跨文化传播最主要的内部执行机构。如前所述，跨国企业、体育明星和体育消费者是体育跨文化传播的外部机构和代理人，但就全球体育发展框架而言，非政府体育组织，特别是国际性的体育协会、体育联合会等非政府组织，是体育文化传播的内部执行机构。现代体育的组织基石，早已经不是现代体育诞生之时功能单一的俱乐部了，现代体育的发展是在国际性的体育组织框架下进行的。作为体育跨文化传播的背景，国际性体育组织的成立与国际赛事的举办使现代体育日趋国际化。体育可以强化社会之间的联系，并通过媒体的报道与广告营销，将体育明星的形象传播到世界各地，让世界各地的体育消费者阅听享用，促进各种体育文化模式的“全球流动”。奥运会和足球世界杯等重要的体育赛事，在规模与诉求上早已经达到了全球化的水准，每次赛会的举办所带来的全球体育文化冲击力可见一斑。离开国际性体育组织，体育跨文化传播就缺少了必要的主持人。

① 高小平、颜佳华编:《行政的价值》,湘潭大学出版社2013年版,第199页。

综上所述，体育跨文化传播需要立足于全球资本主义和消费文化的“氛围（Ambience）”，发挥体育企业、体育明星和体育消费者等“代理人（Agent）”的资本、渠道作用，借助政府与非政府组织等“辅助者（Assistance）”的技术、权力、规则与惯例的力量，直接或间接地呈现本国体育文化与经验，吸收他国体育文化与经验。

“一带一路”建设，根本目的是促进经济要素有序自由流动、资源高效配置和市场深度融合，推动沿线各国实现经济政策协调，开展更大范围、更高水平、更深层次的区域合作，共同打造政治互信、经济融合、文化包容的利益共同体、命运共同体和责任共同体。“一带一路”建设，有利于促进沿线各国经济繁荣与区域经济合作，加强不同文明交流互鉴，促进世界和平发展，是一项造福世界各国人民的伟大事业。[①]“一带一路”建设与发展经济融合是核心，所以与经济融合最紧密的“代理人”机制也正是体育跨文化交流的核心。

## 二、方法和结果

由于中俄体育文化的多元性和复杂性，本研究无法实地考察“一带一路”背景下俄体育文化交流的具体实施，而是对相关体育文化交流活动的文献进行搜集与整理。文献来自各媒体的搜索系统，以及体育部门的活动记录，结合学术研究的相关理论与案例。围绕

① 沈进建、陈家勤著：《全面开放“一带一路”沿线口岸与各国打造命运共同体》，《全球化》2015年第7期，第73页。

文献材料的选择与建构，借助框架理论，分析和统计中俄体育文化交流活动的形式、主题和交流内容，进行相关活动的比较分析，总结出交流特征，提出传播优化的建议。

中国关于“体育文化”的话题可以追溯到20世纪后期，1986年12月在成都体育学院举行的“全国首届体育与文化研讨会”①。从那时起，国内学者围绕“体育文化”不断进行探索与研究，也发表了不少研究成果。

2016年是《中俄睦邻友好合作条约》签署15周年、中俄战略协作伙伴关系建立20周年。这意味着，中俄全面战略协作伙伴关系保持高水平发展，人文合作不断取得新突破。“一带一路”及“世代友好”的利好背景，给中俄体育跨文化传播搭建了一个更加高规格的交流与研究平台。研究中俄体育跨文化传播模式，主动服务“一带一路”文化领域中体育学术研究，有助于增进中俄学者交流，为推动中俄体育领域的交流、促进民心相通做出新的贡献。

总的来说，中俄体育跨文化交流并不仅仅限于竞技体育领域，青年发展、人文交流、友好合作等方面都有所涉及。

### （一）中俄体育跨文化交流专门的政策框架需要制定

截至目前，虽然对“中俄体育文化交流”的理论探讨还比较少，但中俄体育文化交流是中国体育官方外交与民间往来的重要组成部分，实践活动也较多，见表1。

① 易剑东著：《体育文化学》，北京体育大学出版社2006年版，第25页。

**表1　中俄体育文化交流的主要声明与活动**

| 年　份 | 地点/文件 | 主要条款/活动 |
| --- | --- | --- |
| 1992 | 《关于中俄相互关系基础的联合声明》 | 十九条“双方将促进并扩大……体育领域的相互联系” |
| 1997 | 《中俄关于世界多极化和建立国际新秩序的联合声明》 | 二条“在平等互利基础上……人文的交流与合作” |
| 1997 | 《中俄联合声明》 | 七条“扩大……文化、教育领域的人文交流与联系” |
| 2000 | 《中华人民共和国和俄罗斯联邦北京宣言》 | 七条“应加强和扩大两国……文化体育领域的合作” |
| 2001 | 《中华人民共和国和俄罗斯联邦睦邻友好合作条约》 | 十六条“应该扩大在……体育领域的友好交流与合作” |
| 2001 | 上海 | 中俄国际象棋对抗赛 |
| 2003 | 《中华人民共和国和俄罗斯联邦联合声明》 | 七条“加强两国青年……文教领域的合作” |
| 2004 | 《中俄联合声明》 | 六条“发展体育、文化和其他方面的合作” |
| 2004 | 沈阳 | 中俄拳击对抗赛 |
| 2006 | 《中华人民共和国和俄罗斯联邦联合声明》 | (二)(1)“双方将加强在体育等领域的合作” |
| 2006 | 沧州 | 中俄太极拳对抗赛 |
| 2007 | 《中俄联合声明》 | 十三条“充实两国……体育交流,吸收各界参与” |
| 2007 | 饶河 | 中国饶河俄罗斯友好赛 |
| 2008 | 《中俄元首北京会晤联合公报》 | 三条“中俄‘国家年’,推动体育等领域合作” |
| 2009 | 《中俄元首莫斯科会晤联合声明》 | 三条“通过体育等交流,巩固战略协作伙伴关系” |

续 表

| 年 份 | 地点/文件 | 主要条款/活动 |
|---|---|---|
| 2009 | 《中俄元首莫斯科会晤联合声明》 | 三条"第三届中俄青少年运动会取得圆满成功" |
| 2010 | 《中俄关于全面深化战略协作伙伴关系的联合声明》 | 七条"深化深圳26届和喀山27届世界大学生运动会相互支持" |
| 2011 | 哈尔滨 | 中俄武术散打对抗赛 |
| 2011 | 北京 | 中俄小学生足球赛 |
| 2012 | 黑河 | 中俄钓鱼赛 |
| 2012 | 延边 | 延边国际排球友谊比赛 |
| 2012 | 满洲里 | 中俄青少年冰球友谊赛 |
| 2012 | 黑河 | 中俄乒乓球邀请赛 |
| 2013 | 满洲里 | 中俄健身气功交流会 |
| 2013 | 黑河 | 中俄篮球友谊赛 |
| 2013 | 延边 | 中俄首届少年游泳友谊赛 |
| 2014 | 牡丹江 | 中俄青年雪地足球邀请赛 |
| 2016 | 哈尔滨 | 中俄人文合作委员会体育合作分委会第十六次会议,双方签署了《会议纪要》 |
| 2017 | 广州 | 金砖国家运动会 |
| 2017 | 哈尔滨 | "中俄体育交流、大众体育与健康合作"论坛在北京举行。加强两国在体育产业、大众体育与健康方面的合作 |
| 2017 | 绥芬河 | 举办了第四届中俄体育交流大会羽毛球赛,本次比赛是第四届中俄体育交流大会的第二项赛事 |

续 表

| 年　份 | 地点/文件 | 主要条款/活动 |
|---|---|---|
| 2017 | 绥芬河 | 第四届中俄体育交流大会之"天姿杯"体育舞蹈邀请赛，上演了一场中俄文化舞蹈盛宴 |
| 2017 | 绥芬河 | 第四届中俄体育交流大会开幕，400多名中俄武术运动员齐聚绥芬河 |
| 2017 | 黑龙江 | 黑龙江省与俄罗斯滨海边区举行会谈，黑龙江省代表团于9月23日参加海参崴国际马拉松赛事 |
| 2017 | 北京 | 第三届中俄区域间体育交流合作会议，中俄双方共签署了25项合作协议和1个备忘录 |
| 2017 | 北京 | "中俄体育交流、大众体育与健康合作"论坛在北京隆重举行 |
| 2018 | 哈尔滨 | 由哈尔滨市教育局和中俄中学联盟主办，哈尔滨市第六中学校承办的"中俄中学联盟·首届体育文化夏令营" |

从表1列举的主要声明和活动来看，中国与俄罗斯的体育交流比较频繁，且在一系列联合声明与公报的基础上，中俄之间的一些体育协会、中小学、高等院校等的体育交流活动也在不断增多。但是，中俄两国的体育文化交流根本上是建立在《中俄睦邻友好合作条约》这一战略协议基础之上。2000年，中俄人文合作委员会体育合作分委会成立，每年定期召开会议，就两国体育交流与合作有关事宜进行磋商，但双方的活动推进都是在中俄人文交流合作委员会

框架下进行的。2016年，中俄人文合作委员会体育合作分委会第十六次会议在哈尔滨举行，双方签署的也只是《会议纪要》。可以说，双方在体育文化互动与交流中的共同利益还需要进一步明确，对双方的权利和义务、合作的范围与内容也需要一个宏观的定位，因此，制定中俄体育跨文化交流专门的合作框架是非常必要的。有了明确的合作框架，就可以对双方体育文化互动宣传的代理人机制进行磋商，明确各自分工，否则，缺少了明确时间表、任务图和具体保障措施的跨文化交流，难以确保中俄体育文化交流落地、持久，也难以真正为“一带一路”建设做出应有的贡献。

### （二）民间和企业交流的平台还有待进一步整合

中俄两国的民间交往在1992年就已初具规模。1994年2月莫斯科华侨华人联合会（俄罗斯华人社团）正式成立，该联合会组织相应的研究、学习、座谈、表演、展览等活动，与俄罗斯有关组织进行联系与交流，将中国传统文化以不同的形式介绍到俄罗斯。

中俄两国一直有着广泛的民间体育交流活动，双方学校、企业之间的友谊赛举办频繁。从“三大球”到羽毛球、游泳、武术、拳击、跆拳道、棋类等项目，民间体育交流活动数不胜数。

2013年，中国国际雪地汽车拉力赛在中俄界江——黑龙江上举行，起终点为中国东极抚远和北极漠河两个极点。这两点一线连着的8个重要口岸城市，都各具特色。其中，东极抚远是中国迎接第一缕阳光的城市，有着特殊意义“一岛两治”的黑瞎子岛，还有赫哲族聚集地同江、有“东北小三峡”之称的萝北名山、“恐龙故乡”嘉荫、盛产玛瑙的逊克、口岸经贸繁荣的黑河、鄂伦春族居住地呼玛，最后是神州北极漠河。该项目集体育、文化、经贸、旅游于一体，成为宣传黑龙江大森林、大湿地、大农业、大河流、大经贸，以及鄂伦春、赫哲族等少数民族文化与俄罗斯异域文化的重要载体。

2014年7月，黑龙江省举办了中国黑龙江–俄罗斯·贝加尔湖汽车自驾游集结赛，汽车运动深入了俄罗斯腹地。由22辆车，68名参赛选手组成的跨国长途自驾车队，在中俄境内往返8,000多公里，在全国尚属首次。

2014年11月，黑龙江省体育局与俄罗斯3个州在哈尔滨举行了体育交流大会，双方就深入开展体育合作签署了框架性协议。中俄民间体育交流大会连续举办、不断发展，既有篮球、排球、乒乓球、羽毛球、足球等传统项目，又涵盖舞蹈、武术、射箭、山地自行车等新兴项目，尤其是冰上摩托赛、汽车越野赛、滑雪比赛、中俄自驾游、边境露营大会等具有北方冰雪特色和边境特色的活动的举办，形成了这一体育盛会的品牌优势。

2016年6月，在成功举办2014、2015年度两届“中俄橡皮艇拉力赛”的基础上，黑龙江省再次举办了2016中俄韩橡皮艇拉力赛，实现了三年穿越松花江、黑龙江、乌苏里江，总行程4,600公里的壮举。

黑龙江省重点推出的“赏冰乐雪”系列活动涉外赛事中，中俄界江国际冰球友谊赛、黑龙江省与俄罗斯九洲区青少年花样滑冰邀请赛、2017年中俄少年儿童雪地足球赛、黑龙江省中俄青少年冬令营、“龙江丝路带·未来之星国际儿童体育嘉年华”等系列活动也将陆续开展。

在传播学理论中，主体是文化传播的核心主导，民族国家是文化传播主体最清晰的一个概念，新科技革命的到来增加了传播主体的多样性，民间团体的自发组织、电子媒介等都以各种方式传递着文化信息。中俄体育跨文化交流需要多种传播主体的共同努力，充分利用主体自身特色传递两国体育文化信息。因此，中俄体育跨文化交流要坚持政府主导、企业主体、市场运作、社会参与的实施架构，充分发掘和创新各种传播方式、手段、渠道。但总体来看，中俄两国体育跨文化传播的主体没有充分发挥其功能。

从现有的民间交流、企业交流平台建设角度看，官方体育文化交流较多，民间和商界的体育文化代理活动较少。俄罗斯的体育教育及竞技运动管理是一整套垂直管理体制，由俄联邦总统直接领导“俄体育教育、训练及冬夏季奥运筹备委员会”。俄政府体育部负责管理该国冬夏季奥委会、残奥委会和各体育单项联合会，并统辖俄各个行政区划内的官方体育教育及竞技运动机构。这些地方机构则分别管理各类体育俱乐部、体校、体育科技研究组织、体育产业企业、公共运动设施和体育传媒[①]。这和中国的体育管理体制也是非常接近的，是一种统辖式的行政治理方式[②]。因此，“强政府、弱社会”是中俄两国体育发展的共同问题。中俄两国的体育文化交流多是政府之间，或者政府管辖之下的教育机构、俱乐部、传媒之间的交流，

① 秦剑杰、李继东、张晶，等著：《俄罗斯国家主导体育管理模式的基本特征及其启示》，《体育学刊》2017年第24卷第2期，第45—51页。

② 参见刘亮、吕万刚、付志华，等著：《新时期我国体育体制的理性化重塑——研究路径回顾与分析框架探索》，《体育科学》2017年第37卷第7期，第3—9页。

还没有拓展到政府、民间、企业相互合作的全方位格局，真正社会化的体育企业和民间的体育文化交流活动仍然是有限的。

## （三）中俄体育跨文化交流的载体效能有待提高

载体主要指传播内容的载体。一般文化传播载体主要包括：大众传媒、语言教育、文化交流平台、文化产业、留学生等。一个国家要提升文化国际影响力，不仅要有一定的亲和力和感召力，还需要多方位的传播载体和传播渠道。我国在同俄罗斯交流时，运用艺术、图书、网络、媒体等各种媒介传播中国文化。然而，对俄文化传播的效能依然较低。文化传播效能低主要表现在两个方面：一是文化传播效益较低，二是文化传播内容影响力较弱。

俄罗斯独立后，一直以总统令、税收优惠等鼓励体育发展，尤其是《俄联邦2006—2015年体育运动发展计划纲要》《俄联邦2020年前体育发展战略》等均有体现。2010年3月，俄罗斯体育旅游部颁布《体育与旅游中小企业发展纲要》。该纲要是应俄罗斯总统委托，配合《俄联邦2020年前体育发展战略》而制定的。苏联时期几乎无中小企业，计划经济特性使以国营方式存在的经济运转顺畅，如今向市场经济转轨，中小企业的不发达却成其发展阻碍，严重阻碍体育旅游发展，也限制了体育文化交流。为扭转该局面，体育旅游部研究方案，创造条件发展中小企业，简化体育、旅游土地使用程序，缩短审批周期，加快投资速度开展科研，探寻国家支持该领域中小企业发展的方式、方法，监察地方政府法律、法规，以使其符合2005年颁布的《关于国家和市政所需的产品生产、工作执行、提供服务的采购安排意见》。这和中国极为相似。2014年，国务院及各部委发布了一系列推动体育产业发展的文件，中国体育产业也迎来政策风口，企业和社团的积极性也被调动起来。

然而，中俄体育发展不乏资本，但资本的主要去向为欧洲和美国优质的体育内容，如俄罗斯人阿布拉莫维奇收购切尔西俱乐部，江苏苏宁收购国际米兰俱乐部等，两国缺少具有全球知名度的职业联赛是重要的瓶颈之一。体育文化交流的终极推动力量是体育消费者，体育文化交流的最终受益者也应该是体育消费者。职业体育是现代体育的基本形态，也是体育文化传播最常态化的舞台[①]。随着社会的发展，体育跨文化交流一直在追求创新，交流手段也在逐渐增多，文化传播效果逐渐凸显。然而，整体来看，中俄体育跨文化交流，仍保持以往的文化宣传模式，不符合新时代的体育文化发展模式。社会的快速发展也影响着受众对象的偏好，受众对象不再是单一的被动接受者，他们主动分辨、评价、筛选传播信息。中俄体育跨文化交流时，还缺少中俄之间的双向传播思维。体育内容习惯于集体叙事，缺少个体叙事，难以贴近民众。跨文化交流时，传播者常常意图过于明显，具有强烈的宣传意味，很容易引起受众的反感，导致文化传播效果不佳。

---

① McDonald, M. A. & Milne, G. R: Conceptual Framework for Evaluating Marketing Relationship in Professional Ssport Franchises. Sport Marketing Quarterly, 1997, 6(2), pp: 27 - 34.

## 三、讨论与结论

### （一）构建“一带一路”下中俄体育交流合作框架

“一带一路”是重要的区域性发展战略。中俄两国的体育文化互动与交流，有必要明确合作框架，而不仅仅是政府相关部门之间的活动、对话，也不能是零散的民间体育交流活动。体育交流进入了更深入的全面发展阶段，已经成为国与国之间加深了解、加强合作、增进友谊的一个桥梁与纽带。“一带一路”下中俄体育合作框架应该是包括国家政府之间、国家体育管理部门之间、城市政府之间、体育企业之间、体育教育文化机构之间在内的多层次的合作框架体系。

无论是哪一个层面的合作框架，都应该首先明确双方在体育文化互动与交流中的共同利益，对双方的权利和义务、合作的范围与内容加以界定，就双方体育文化互动宣传的代理人机制进行磋商，明确各自分工，应该有明确的时间表、任务图和具体的保障措施，以确保中俄体育文化交流落地、落实。2017年，黑龙江省集成举办八大夏季赛事，包括马拉松、自行车、徒步穿越、摩托艇等，邀请俄罗斯滨海边区体育代表团参与到赛事中来，有明确的时间表和具体保障措施，通过一系列体育赛事活动交流，双方体育部门能够进一步深化交流、加强合作、互通有无[①]。2017年，11月30日第三届

① 蔡秀丽：《黑龙江省将派冰球队参加俄方冰球赛事》，《中国体育报》2000年6月15日第2版。

中俄区域间体育交流合作会议上，中俄双方共签署了25项合作协议和1个备忘录，创下了历届中俄区域间体育交流会议签署协议数量的新高。

需要强调的是，“一带一路”是一种区域共享战略，其驱动力主要是基于地缘的经济发展，在此基础上促进各国民生改善。“一带一路”并没有极强烈的地缘政治诉求，“一带一路”背景下的中俄体育合作与跨文化交流也不应该完全为政治目的服务。从当前体育发展的趋势看，着重体育产业的深度合作，将成为中俄体育合作框架的重要组成部分。“丝绸之路经济带”和“21世纪海上丝绸之路”涉及更多的是经济领域。“一带一路”上中俄两国城市较多，每个城市都有自身独特的发展优势、体育特色以及合作空间，基于体育产业的深度合作并不仅仅是企业之间的合作获利行为，全面的体育产业发展与合作必然包含了体育传媒、体育贸易、体育赛事、体育教育等全方位的互动。以经济合作、产业发展为驱动力的合作机制，将更加具备整合性，也更加有助于培育跨国企业、体育明星和体育消费者等体育跨文化传播的“代理人”，从而真正形成可持续性以及渗透性都较强的中俄体育跨文化传播合作机制。

### (二)以体育旅游发展平台推动企业与社团参与

发展体育旅游，是“一带一路”背景下中俄体育文化交流传播的综合性战略举措。“一带一路”背景下的中俄体育文化传播应该涵盖体育物质文化互动、体育政治互动、体育产业合作、体育教育合作、体育传媒融合、体育贸易往来等多维度的文化交流与活动，而体育旅游正是具有如此产业整合功能的战略举措。

“一带一路”背景下，大力发展体育旅游，要以搭建“一带一路”国家参与的体育赛事活动为基石。体育赛事活动是体育文化传播的主要平台，由于赛事本身具备的综合性传播功能，通过赛事活动的举办，可以促进参与国之间的体育文化深度互动。之前在中央电视台热播的节目《城市之间》便是成功的典范。虽然是从法国引进版权的群众体育赛事活动，却形成了以城市为依托，以体育为主题，以文化交流为内涵的体育文化传播平台。中国、俄罗斯都是《城市之间》的常驻参赛国[①]。可以预见，在“一带一路”倡议的推进下，中俄还会有更多、更大的平台有待开发。

中俄两国的体育协会、体育媒体、相关企业、教育文化机构等应该深度合作，在“一带一路”的政策红利背景下，着手打造中俄体育旅游发展实体，以区域性非政府组织或合资企业的方式，将体育旅游项目整体推进。因为就单个的体育旅游项目而言，体育旅游市场仍然是一个小众市场，或者说是“利基市场”（niche market），只有做大做强一个具有整合功能的实体，才有可能将之前零散的市场整合起来，发挥每一个小众市场的长尾经济效应，从而真正在政治、经济、文化、教育、传媒等多方面形成中俄体育文化传播的综合性平台。

① 余宗贤著：《城市文化影响下的体育精神传播——基于央视〈城市之间〉的分析》，《新闻战线》2015年第20期，第87—88页。

## (三)培养跨文化传播人才,提高跨文化交流效能

中俄同为世界上具有重要影响的国家,“金砖国家运动会”等各种体育项目邀请赛、对抗赛、友谊赛、交流会等为两国体育提供了增强互信、扩大交流的良好平台,这将有助于两国体育争取国际话语权,继续营造中俄两国发展的有利交流环境。“一带一路”及“世代友好”的利好背景下,中俄体育跨文化传播的成功不仅要依靠资金、科技,更必须在内容上取胜,而内容的表达最终还是依靠体育文化代理人,依靠体育企业家、体育明星和体育消费者实现民族性与世界性的双重诉求。这也就意味着,“一带一路”背景下中俄体育文化传播需要的并不是低端的劳动力,而是高端体育传播与发展人才,是具备跨境进行商业、贸易、传播、文创、经纪等业务能力的高端人才。拥有国际视野,跨境、跨文化的特点也决定了人才的稀缺性和迫切性。在新的知识经济时代,要想成为国际化体育传播的高端人才,所要吸取的知识广而多,传统的单一、直线的学习模式已经无法满足“一带一路”对体育传播知识跨界的渴求,新的复杂时代,要有解决复杂问题能力的人才。中国急需拥有体育文化素养及实践经验丰富的体育文化传播人才,只有具备良好的体育基础(物质的和社会文化的),投入庞大的研究经费,才能突破粗放、零星的体育跨文化传播模式向集约、整合的体育跨文化传播模式转型的瓶颈,足见“人才”是“一带一路”背景下中俄体育跨文化传播的基石。

高等院校及其他类型的教育培训机构在人才培养方面责无旁贷，应推进两国学界达成广泛共识，促成中俄高校和教育机构在学生联合培养、高端人才培养、学术交流互访等各个方面形成长期交流合作。虽然中俄两国的部分高校已经在体育人才培养方面取得了进展，但就目前的合作情况看，主要还是围绕着体育教育等方面的交流，即主要是“学”“研”的交流，还没有真正形成“产”“学”“研”一体化的人才培养模式，缺少了必要的实践平台。培养手段上，也多以互送学生、互认学历为主，师资队伍的开放度还有待进一步强化。（1）要想有运转良好的跨国企业涉足中俄体育文化传播，具备国际战略思维和处理跨国企业运营的职业经理人必不可少；（2）要想发挥中俄两国体育明星的无形资产在体育文化传播中的“杠杆效应”，培养熟知两国体育发展情况、体育组织运作规律、监管体育的法律法规并具备极强的沟通谈判能力的体育经纪人必不可少；（3）要想让中俄两国体育消费者能够对各自及对方的体育文化产生兴趣并愿意尝试，发挥体育消费者的“蓝海市场”潜力，能够对两国体育文化进行创意再生产的文创人才、市场人才更是必不可少。因此，除了高等院校要更加注重实践的平台建设和更加开放的师资队伍的培养之外，横跨产业领域、传媒领域、教育领域、科研领域的中俄体育跨文化传播人才协同机制的建立更是当务之急。

# 茨维塔耶娃和她的诗歌

◇刘文飞

**内容摘要**：茨维塔耶娃是俄国白银时代最重要的诗人之一，也被布罗茨基称为“20世纪的第一诗人”。茨维塔耶娃的一生构成20世纪俄国诗人悲剧命运的一个象征。在她自由、孤傲的个性中积淀着真诚和不安两个基本性格因素。茨维塔耶娃的诗歌语言别具一格，具有很高的识别度、浓烈的“歌唱性”和高度的音乐性。茨维塔耶娃是俄国文学史上最早出现的女性大诗人，她极具现代感的诗歌创作构成俄语诗歌发展进程中的一个路标，是从古典向现代转变过程中的“里程碑”。

**关键词**：茨维塔耶娃　诗歌　音乐性　歌唱性

## 一

刘文飞，文学博士，北京斯拉夫研究中心（BSRC）首席专家，首都师范大学教授，中国社会科学院研究生院教授、博

茨维塔耶娃是俄国白银时代最重要的诗人之一，也被布罗茨基称为“20世纪的第一诗人”[①]。玛丽娜·茨维塔耶娃（Марина Цветаева，1892—

① 布罗茨基、沃尔科夫著，马海甸、刘文飞、陈方译：《布罗茨基谈话录》，东方出版社2008年版，第47页。

1941）生于莫斯科，她的父亲伊万·茨维塔耶夫是莫斯科大学艺术学教授，是莫斯科美术博物馆（今莫斯科普希金造型艺术博物馆）的创建人；她的母亲玛丽娅·梅因具有波兰、德国和捷克血统，曾随著名钢琴家鲁宾施坦学习钢琴演奏。茨维塔耶娃后来在自传中写道：“我对诗的激情源自母亲，对工作的激情源自父亲，对自然的激情则源自父母双方……”由于身患肺结核病的母亲需出国治疗，童年的玛丽娜和妹妹曾随母亲到过德、法、意等国，并在那里的寄宿学校就读，这使玛丽娜·茨维塔耶娃自幼便熟练掌握了德语和法语。1906年母亲去世后，姐妹俩回莫斯科上学。1910年，刚满18岁的玛丽娜·茨维塔耶娃出版了她的第一部诗集《黄昏纪念册》（Вечерний альбом），诗集得到勃留索夫、古米廖夫、沃罗申等当时著名诗人的肯定，茨维塔耶娃从此走上诗坛。1911年，茨维塔耶娃应沃罗申之邀前往后者位于克里米亚科克捷别里的“诗人之家”（Дом поэтов）别墅，在那里与谢尔盖·埃夫隆（Сергей Эфрон）相识并相恋，1912年1月，两人在莫斯科结婚。同年，茨维塔耶娃出版第二部诗集《神灯集》（Волшебный фонарь），这部诗集由于较多的“自我重复”而遭冷遇。主要由头两部诗集中的诗作构成的第三部

士生导师，中国俄罗斯文学研究会（CARLS）会长，中国俄罗斯东欧中亚研究会副会长，中国作家协会会员，中国翻译家协会理事，中国外国文学学会理事，中国社会科学院“长城学者”，享受国务院特殊津贴专家，《世界文学》《外国文学》《译林》《外文研究》《俄罗斯文艺》等杂志编委，北京大学、黑龙江大学等十余所高校特聘或客座教授，莫斯科普希金语言学院、莫斯科语言大学、牛津大学访问学者，耶鲁大学富布赖特学者（Fulbright Fellow），曾获俄罗斯国际俄语教育协会（МПО）“突出贡献奖”（2007）、俄罗斯文化基金会（РФК）“普希金研究奖”（2007）、俄罗斯“利哈乔夫奖”（Премия Д. С. Лихачева）（2012）、俄罗斯联邦

“国际文化合作奖”(2013)、俄罗斯联邦“阅读俄罗斯”翻译奖(Читай Россию, 2014)、俄罗斯联邦“友谊勋章”(Орден Дружбы, 2015)。主要著作有《二十世纪俄语诗史》《诗歌漂流瓶》《墙里墙外》等三十余部,另编有《普希金全集》《诗与思文丛》《俄语布克奖十年获奖丛书》等十余种套书或文集,发表论文百余篇。

诗集《两书集》(Из двух книг, 1913)出版后,其影响也远逊于《黄昏纪念册》。此后数年,茨维塔耶娃紧张写诗,佳作频出,但没有诗集面世,编成的诗集《青春诗抄(1913—1915)》(Юношеские стихи. 1913—1915)并未正式出版。抒情女主人公的不羁个性及其真诚诉说,躁动感受及其复杂呈现,构成了茨维塔耶娃早期诗作的主题和基调。

1916年标志着茨维塔耶娃诗歌创作中一个新阶段的开始,此年编成,但直到1921年才出版的诗集《里程碑》(Версты),是标志她的诗歌成熟的一座“里程碑”。从诗歌主题上看,一方面,诗人的极端情绪化有所冷静,转向固执的自我中心主义,这一时期的抒情诗成了她“灵魂的日记”(дневник души);另一方面,作者所处的时代和社会开始发生剧烈动荡,一战、革命、内战等社会事件相继爆发,与近乎坐以待毙的家庭生活一起,都在日复一日地强化诗人紧张的内心感受,她因此写出《天鹅营》(Лебединый стан)等“现实题材”诗作,尽管茨维塔耶娃从来都不是一个关注现实的政治诗人。从调性上看,茨维塔耶娃的诗歌在这一时期出现一个转向,即歌唱性和民间性的强化。

她描写莫斯科和塔鲁萨的抒情诗作，她在这一时期因接近莫斯科戏剧界而创作的一些诗体剧作和长诗等“大型体裁”，都具有较强的民间文学特征。关于茨维塔耶娃诗歌创作“民间性”的来历，后来的研究者们大惑不解，因为茨维塔耶娃之前从未生活在俄国乡间（除了在父母的别墅所在地塔鲁萨，除了在沃罗申的别墅所在地科克捷别里），她也没有熟悉俄罗斯童话的奶娘和外婆，但对俄语诗歌中“俄罗斯性”的探寻，却使她掌握了“歌唱性”这一典型的诗歌手法。俄文版七卷本《茨维塔耶娃作品集》的编者在题为《诗人玛丽娜·茨维塔耶娃》的后记中写道：“她1916年的诗就实质而言大多为歌。其女主人公其实是在歌唱自我，歌唱自己的忧伤、大胆和痛苦，当然，也在歌唱自己的爱情……”①

1922年夏，获悉丈夫流亡国外，在布拉格上大学，茨维塔耶娃带着大女儿阿丽娅（Аля）经柏林前往布拉格。在逗留柏林期间，茨维塔耶娃出版了两部诗集，即《致勃洛克》（Стихи к Блоку）和《离别集》（Разлука）。在柏林的两个多月时间里，茨维塔耶娃写了20多首诗，这些诗作后多收入诗集《手艺集》（Ремесло），它们体现出了茨维塔耶娃诗风的又一次“微调”，即转向隐秘的内心感受以及与之相关联的更为隐晦的诗歌形象和诗歌语言。茨维塔耶娃自己所说的“我了解了手艺”这句话也似乎具有某种隐喻成分。1922年8月，茨维塔耶娃来到捷克，在布拉格及其郊外生活了三年多。茨维塔耶娃在捷克的生活是颠沛流离、捉襟见肘的，但她在不断搬家和

① А. Саакянц, Л. Мнухин: Поэт Марина Цветаева, см. М. Цветаева: Собрание сочинений в семи томах, Элис Лак, 1994, т. 1, с. 579.

操持家务的同时，在恋爱和生子之余，一刻也不曾停止写诗，三年三个月时间里共写下139首长短诗作，平均每周一首，显示出旺盛的文学创造力。在布拉格，茨维塔耶娃与她丈夫在查理大学的同学罗德泽维奇热情相恋，留下许多诗歌杰作，其中最著名的要数长诗《山之诗》（Поэма Горы，1924）和《终结之诗》（Поэма Конца，1924）。1923年，她还出版了两部抒情诗集，即《普叙赫》（Психея）和前面提到的《手艺集》。流亡捷克时期，外在生活的沉重压力和内心生活的极度紧张构成呼应，被迫的孤独处境和主动的深刻内省相互促进，使得茨维塔耶娃诗歌中关于“生活和存在”（быт и бытие）的主题不断扩展和深化。流亡捷克的三年，是茨维塔耶娃诗歌创作的巅峰期之一，“在捷克，玛丽娜·茨维塔耶娃成长为这样一位诗人，我们如今可以公正地把她列入伟大诗人的行列”①。

1925年10月，仍旧是出于物质生活方面的考虑，茨维塔耶娃全家迁居巴黎，但是在法国，他们仍旧生活在贫困之中。由于茨维塔耶娃的桀骜个性，由于她丈夫与苏联情报机构的合作，也由于她对马雅可夫斯基等苏维埃诗人的公开推崇，她与俄国侨民界的关系相当紧张，几乎丧失发表作品的机会。在这一时期，茨维塔耶娃也将大部分精力投入散文创作，写下许多回忆录和评论性质的文字，但在流亡法国的近14年时间里，她却只写了不到100首诗作。她曾在给捷克友人捷斯科娃的信中感慨：“流亡生活将我变成了一位散文作

① А. Саакянц, Л. Мнухин: Поэт Марина Цветаева, см. М. Цветаева: Собрание сочинений в семи томах, т. 1, с. 585.

家。”（Эмиграция делает меня прозаиком.）1928年面世的《俄罗斯之后》（После России）是茨维塔耶娃生前出版的最后一部诗集，也是她流亡时期诗歌创作的集大成，其中也收有她“法国时期”的最初诗作。除抒情诗外，茨维塔耶娃在流亡期间还写作了大量长诗，除前面提到的《山之诗》和《终结之诗》外，还有《美少年》（Мóлодец，1922）、《捕鼠者》（Крысолов，1925）、《自大海》（С моря，1926）、《房间的尝试》（Попытка комнаты，1926）、《阶梯之诗》（Поэма Лестницы，1926）、《新年书信》（Новогоднее，1927）、《空气之诗》（Поэма Воздуха，1927）等。茨维塔耶娃流亡法国时期的诗歌，怀旧的主题越来越突出，悲剧的情绪越来越浓烈，但怀旧中也不时闪现出片刻的欢乐，悲剧中往往也体现着宁静和超然。比如她在《接骨木》（Бузина）中用顽强绽放、死而复生的接骨木作为自我之投射，在《故乡的思念》（Тоска по родине...）等诗中将花楸树当作故土的象征，在《致书桌》（Стол）中将书桌当作毕生最忠诚的告白对象（其实她在很多租住地甚至连一张书桌都没有）。1938年9月，纳粹德国吞并捷克斯洛伐克，茨维塔耶娃写下激越昂扬的组诗《致捷克》（К Чехии），这组诗构成了她诗歌创作的“天鹅之歌”。

1937年，茨维塔耶娃的丈夫埃夫隆因卷入一场由苏联情报机构组织的暗杀行动而秘密逃回苏联，他们的女儿在稍前也已返回莫斯科。两年之后，生活拮据又置身非议和敌意的茨维塔耶娃被迫带着儿子格奥尔基［Георгий，小名穆尔（Мур）］返回祖国，可迎接茨维塔耶娃的却是更加严酷的厄运：女儿和丈夫相继被苏联内务部逮捕，女儿坐牢15年，丈夫最终被枪毙。1941年8月31日，因为战争被从莫斯科疏散至鞑靼斯坦小城叶拉布加的茨维塔耶娃，申请担任作家协会食堂洗碗工被拒绝，在与儿子发生了一场争吵之后，在租住的木屋中自缢。1945年，她的儿子也牺牲在卫国战争的战场上。回到苏联之后，茨维塔耶娃更无发表作品的可能，只能搞一点文学翻译，但她还是有一些零星诗作存世，我们所知的她的最后一首诗《我一直在重复第一行诗句》（Всё повторяю первый стих...）写于1941年3月6日，此时距她离世尚有5个多月。而在这5个多月时间里，作为伟大诗人的茨维塔耶娃却很有可能始终不曾动笔写诗。

## 二

无论在生活中还是在诗歌创作中，茨维塔耶娃都体现出了十分鲜明的个性。在她刚刚登上诗坛后不久，当时的诗界首领勃留索夫在肯定她的第一部诗集之后却对她的第二部诗集有所微词，茨维塔耶娃立即连续写出两首以《致勃留索夫》（В. Я. Брюсову）为题的诗作，予以反驳和讥讽。1921年2月，她曾在莫斯科一场诗歌晚会上公开朗诵她的组诗《顿河》（Дон），歌颂“像白色的鸟群飞向断头台”的白军，而台下的听众主要是红军士兵。当时国内战争已基本结束，苏维埃政权得到巩固，在这样的背景下，身为失踪白军军官之妻的茨维塔耶娃居然敢在大庭广众之下朗读她的白军“颂歌”。1928年，马雅可夫斯基访问巴黎时遭到俄国侨民界的冷遇和敌意，茨维塔耶娃却出面接待马雅可夫斯基，并在报上发表题为《致马雅可夫斯基》（К Маяковскому）的文章，称“真理”（правда）和“力量”（сила）都在马雅可夫斯基一边，在茨维塔耶娃保留下来的这张报纸上有的一行她批注：“为此我立即被赶出了《最新消息报》。”《最新消息报》是巴黎最重要的俄侨报纸，茨维塔耶娃因此基本丧失了在俄侨报刊上发表诗文的机会。这就是茨维塔耶娃的个性，无论何时何地，她总是显得“不合时宜”。这种个性或许是家族的遗传，是天生的性格，也或许是颠沛流离的童年生活、父母的早亡等生活经历所导致的后果，但更可能的是，她的个性和她的诗歌是互为因果的，是相互放大的。独树一帜的个性是成为一位优秀诗人的必要前提之一，而诗歌作品尤其是一首抒情诗作，也可能成为个性的最佳表达方式，成为个性的塑造手段。

在茨维塔耶娃自由、孤傲的个性中，积淀着这样两个基本的性格因素，即真诚和不安。诗贵在真诚，一个好的诗人首先必须是一个真诚的人。真正的诗容不下、也藏不住虚假，因此，认真的诗人们在现实生活中往往表现得像个大孩子。茨维塔耶娃的为人和作诗都体现着真诚，她仿佛不想隐瞒什么，不想装扮自己，只求把原本的个性真实地表现出来。茨维塔耶娃对爱情主题诗的处理就颇具典型意义，布罗茨基因此称茨维塔耶娃是“最真诚的俄罗斯人”[①]。1908年，勃洛克曾在《库利科沃战场》（На поле Куликовом）一诗中写道：“我们在梦境里才有安宁。”（Покой нам только снится.）这一名句几乎成了大多数诗人的谶语，尤其是对于白银时代的俄语

① 布罗茨基、沃尔科夫著，马海甸、刘文飞、陈方译：《布罗茨基谈话录》，东方出版社2008年版，第46页。

诗人而言，尤其是对于白银时代最为“不安”的诗人茨维塔耶娃而言。她将“生活与存在”当成她的主要诗歌命题，或者说，当成她诗歌创作中主要的思索对象，在这一总的命题之下，她思索苦难以及对于苦难的态度，思索诗人以及诗人的身份认同问题，思索爱以及爱的本质和意义。或是由于内心激情的涌动和生存状态的刺激，或是对于个人的和文化的命运的担忧，她的诗始终贯穿着一种不安的情绪主线。对这种焦虑感的真诚表露，构成了她诗歌的主要风格特征之一。茨维塔耶娃的诗像是一种“独白的诗”，这分明是一个个体在吐露心曲，但这一个体是一个深刻体验过多种生活的天才演员，因此她的诉说就不再仅仅是一个个体的声音，她分明是在面向众人诉说，却又像是在自言自语，并不关心听众的反应。茨维塔耶娃的长诗情节性不强，但她的抒情诗却因充满细节和情节而具有戏剧性。诗人真诚的天性，使她不能不吐出内心的一切，而焦虑的人生态度，又让她难以以表现自我为满足。于是，才有了这种充满内心冲突的抒情主人公以及她时而为自我忏悔，时而为醒世之言，时而是激动的、时而是苦闷的独白。布罗茨基在茨维塔耶娃的诗中听出了这种独特的调性：“在她的诗歌和散文中，我们经常听到一个独白；但是这不是女主人公的独白，而是由于无人可以交谈而作的独白。这一说话方式的特征，就是说话人同时也是听话人。民间文学——牧羊人的歌——就是说给自己听的话：自己的耳朵倾听自己的嘴。这样，语言通过自我倾听实现了自我认知。”[1]茨维塔耶娃本人在《终结之诗》中也有过相似的表达，即“生活全在肋骨！/它是耳朵，也是回

① 布罗茨基著，刘文飞译：《文明的孩子》，中央编译出版社1999年版，第151—152页。

音。”“耳朵”（yxo）和“回音”（эхо）构成一对意味深长的韵脚。

茨维塔耶娃诗歌个性的首要表达方式，就是其独特的诗歌语言。茨维塔耶娃的诗中充满隐喻，而且，她的一首诗甚至是一部长诗，往往就是建立在一个大隐喻之上的，自身就是一个拉长的隐喻，组合的隐喻。比如《接骨木》一诗，从春天里淹没花园的绿色波浪写起，写到接骨木花朵像火焰、像麻疹的盛开，然后是冬季，它的浆果像珊瑚，像鲜血，这意味着接骨木被处决，意味着“一切血中最欢乐的血：/心脏的血，你的血，我的血……”，“一丛孤独的接骨木”，“能代替我的艺术宫”，“我想把世纪的疾病称作/接骨木……”窗外历经一年四季的接骨木树丛，由此成为“我”的生活和人类存在的象征物。在《山之诗》中，茨维塔耶娃将布拉格的佩伦山文学化，用来象征她与罗德泽维奇那场刻骨铭心的爱情。在茨维塔耶娃与罗德泽维奇热恋的这段时间，茨维塔耶娃租住在佩伦山坡上的一户人家，他们两个人经常一起爬山，佩伦山于是成了他俩热烈爱情的见证人，也成了茨维塔耶娃心目中爱情的等价物。在《山之诗》中，茨维塔耶娃将佩伦山写成情感的高峰，将她与罗德泽维奇的爱情比喻成登山之旅。然而，激情、爱和幸福都像山一样，终归是有顶峰的，“据说，要用深渊的引力/测量山的高度”，于是，“山在哀悼（山用苦涩的黏土/哀悼，在离别的时候），/山在哀悼我们无名的清晨/鸽子般的温柔”；“山在哀悼，如今的血和酷暑/只会变成愁闷。/山在哀悼，不放走我们，/不让你爱别的女人！”“痛苦从山开始。/那山像墓碑把我压住”，但是，这座山又是“火山口”，蕴藏着愤怒的熔岩，这将是“我”“记忆的报复”！爱情是一座山，需要两个人携手攀爬，但爬到山顶之后却面临两种选择：要么原路返回，这就意味着注定要走下坡路，越来越低；要么追求更高，这就意味着从山头跃起，短暂地飞向高空。如此一来，佩伦山在茨维塔耶娃的诗中便从爱情之山转化为存在之山，构成了关于人类存在之实质的巨大隐喻。或许正因为如此，茨维塔耶娃才在《山之诗》中运用了这对令人震惊的韵脚：山/痛苦（гора/горе）。另一部长诗《终结之诗》也建立在一个巨大的隐喻之上。这部长诗共十四章，这可不是一个偶然的数目，而是茨维塔耶娃有意为之的设计。她在关于此诗的写作计划中直截了当地写道："在写一部分手之诗（另一部）。完整的十字架之路，展示每个阶段。"[①]立陶宛诗人温茨洛瓦在他的《茨维塔耶娃的〈山之诗〉、〈终结之诗〉与〈旧约〉、〈新约〉》一文中对茨维塔耶娃的这一设计作了更为具体的说明："在最终文本中，长诗分作十四章。这个初看上去并不具宗教含义的数字，实际上包含这一意义：它恰好是与十字架之路，即天主教传统中苦路的十四个阶段相呼应的。"[②]也就是说，茨维塔耶娃在诗中把她告别爱情的过程比作耶稣背负十字架走向各条他的苦路。尽管《终结之诗》中十四个章节的内容并不完全与苦路十四站的情景一一对应，但背负十字架一步步走向受难地的耶稣，却无疑就是长诗中一步步走向分手的抒情主人公的象征，她的十字架就是她的恋爱对象，更确切地说，就是她的爱情。茨维塔耶娃曾这样定义爱情："爱情，就是受

① М. Цветаева：Неизданное. Сводные тетради，подгот. текста，предисл. и примеч. Е. Б. Коркиной и И. Д. Шевеленко. М.，1997，с. 282.

② Т. Венцлова：Собеседники на пиру，Baltos Lankos，Vilnius，1997，с. 220.

难。”[1]也就是说，在她的意识中，爱情往往不是幸福、索取和生存，而是伤害、给予和毁灭。在俄语原文中，《终结之诗》这一标题中的“终结”（Конца）一词是以大写字母开头的，这是在暗示我们，“终结”本身就是长诗中另一个隐在的主人公，它作为一个硕大的象征，构成“爱情苦路”这一整体隐喻的核心。这对恋人分手途中的每一个阶段都是向“终结”的迫近，同时也是对“终结”的消解；“终结”指爱情的终结，世俗生活的终结，甚至世界的终结，但“终结的终结”也意味着新的开端，亦即灵魂的净化、爱的复活，乃至存在的无垠。

茨维塔耶娃诗歌的突出特征之一，就是其他文学和艺术体裁的因素在她诗歌中的渗透。首先，茨维塔耶娃的诗不论长短，都写得十分酣畅，虽随意却不显零乱，虽自然却不失精致，带有一种明显的“散文风格”。布罗茨基在评论茨维塔耶娃的散文时曾说：“散文不过是她的诗歌以另一种方式的继续。”[2]其实，在她转向散文写作之前，散文因素早已渗透进了她的诗歌。她将散文的因素融合进诗歌，又将诗歌的因素带入散文。她的诗有散文风，是散文化的诗；她的散文更具诗味，是诗化的散文。诗与散文的界限在她的创作中被淡化了、模糊化了。作为结果，她的诗与散文双双获益。其次，是戏剧因素在茨维塔耶娃诗歌中的显著作用。茨维塔耶娃的诗很有画面感，而这些画面又时常是流动的，就像是不断变幻的戏剧舞台。茨维塔耶娃同时是一位杰出的剧作家，在1918—1920年，她一度与

① Цветаева, М., Собрание сочинений в семи томах, Элис Лак, 1994, т. 6, с. 609.

② 布罗茨基著，刘文飞译：《文明的孩子》，中央编译出版社1999年版，第137—138页。

瓦赫坦戈夫剧院等莫斯科的剧院关系密切，创作出一系列浪漫主义剧作；“诗剧”也一直是她心仪的文学体裁之一。更为重要的是，她的诗作无论长短，往往都有着紧张的冲突、剧烈的突转和激烈的对白，似乎稍加扩充，就会变成一部舞台剧本。《终结之诗》无疑就是男女主人公的一出对手戏，诗中不时出现两位主人公的直接引语，就像剧本中的台词，而且，“这种对话酷似网球比赛，词句像来回飞舞着的网球”[①]。长诗中还多次出现被置于括号内的舞台提示，如“鹰一样环顾四周”“断头台和广场”等。广义地说，《终结之诗》就是两位主人公的舞台对白。此外，长诗中的舞台“背景音乐”也此起彼伏，如汽笛、雷霆、笑声、交谈、手指的鼓点、耳朵的轰鸣、厂房声音洪亮、红色过道的哗啦声、空心的喧嚣、锯子穿透睡梦、脚掌的叹息、接缝的崩裂、妓女的笑声等。这些声响与主人公简短的对话形成呼应，也是长诗舞台效果的重要来源之一，这使我们联想到茨维塔耶娃说过的一句名言：“帕斯捷尔纳克在诗中是看见，我在诗中是听见。”[②]最后，茨维塔耶娃的诗作又是高度音乐性的，她曾自称继承了母亲对“音乐和诗”的爱好，这种“爱好”是融化在血液中的。她的篇幅较长的诗，多具有交响乐般的结构，具有呈示、发展和再现等不同阶段；她的短诗则如歌曲，具有前文提及的浓烈的“歌唱性”。在俄语诗人中，茨维塔耶娃是最受作曲家青睐的诗人之一，肖斯塔科维奇等著名音乐家曾将她的许多诗作谱成歌曲，这并非偶然。

① 马克·斯洛宁著，浦立民、刘峰译：《苏维埃俄罗斯文学》，上海译文出版社1983年版，第275页。

② Цветаева, М., Собрание сочинений в семи томах, т. 6, с. 366.

茨维塔耶娃的诗歌语言是别具一格的，具有很高的识别度，这种茨维塔耶娃式诗语呈现出这样一些特征。

第一，是多种格律的混成。俄国学者伊万诺夫在对茨维塔耶娃《终结之诗》的格律和节奏进行细致研究后发现，诗人在这部长诗中采用了十余种格律，如常用的抑扬格、扬抑格、抑抑格、抑扬抑格和扬抑抑格，还有比较罕见的混合格（логаэды）和三音节诗格变体（дольник），也就是说，茨维塔耶娃在一部诗歌作品中几乎运用了俄语中所有的诗歌格律形式，而且，所有这些格律还与不同的音步搭配，即分别搭配两音步、三音步和四音步，从而组合出变化多端的诗歌格律。不过，伊万诺夫同时也发现，《终结之诗》尽管存在格律的多样，却又神奇地具有节奏的一致。即便在茨维塔耶娃的短诗中，也时常会出现不同的格律。

第二，是诗节的创新。所谓“诗节创新”，是第一部研究茨维塔耶娃的专著的作者赛蒙·卡尔林斯基提出的，指的是茨维塔耶娃与众不同的诗节构成方式，即她写诗不再遵守一句一行、若干行一段的传统诗节定式，而是依据情感的涨落来进行诗节的划分，在规范中插入不规范。俄语诗歌的形式较为传统，一般为一句一行，四句（或六句、八句）一节，押严格的脚，这一传统一直持续到茨维塔耶娃开始创作的20世纪纪初。当时，虽然不是每一个诗人在每一首诗中都严格遵循传统的诗律，但如茨维塔耶娃这样大胆的诗节划分诗还是比较少见的，她有近一半的诗均为自始至终保持一成不变的诗节。

第三，是断句移行。在茨维塔耶娃的诗中，移行可能出现在任何地方，即她并不永远在标点符号处移行，而是依据内在的韵律和停顿来断句。这样的做法不仅凸显了作者的主观感受，而且还以一个强加的停顿去刺激读者，同时，这种做法还能极大地扩大诗语的可能性，为韵脚的选择和音步的安排提供更大的自由。有时，茨维塔耶娃甚至将某一个词拦腰截断，分别置于上行的末尾和次行的开端，这大约就是布罗茨基在评论茨维塔耶娃的语言风格时所言的“语义移行”(semantic enjambment)。

第四，是别出心裁的词法。斯洛宁说：“她喜欢采用追溯词根的方法。她通过去掉前缀，改变词尾及一、二个元音或辅音（有点像法国的超现实主义者）而成功地解释各种词语的原始意义。她巧妙地运用了语音学，从声音的接近中得到词语的新意义。”①她喜欢使用最高级形容词，有些还是她自造的最高级形容词，如“超无意义的词汇”“最基督的世界”等；她会用一个连字符来关联两个单词，或拆开某个单词，以凸显新的含义。顺便说一句，茨维塔耶娃的这种“构词法”，似乎很难在任何一种语言的译文中获得等值的再现。

第五，是跳跃式的省略。语言的简洁和意象的跳跃，是茨维塔耶娃诗歌的一大特色，急促的节奏间布满一个又一个破折号，使人感觉到，茨维塔耶娃似乎永远来不及写尽她的思想和感受。布罗茨基注意到茨维塔耶娃诗歌中的这个标点符号，并说她的这一“主要的标点符号”，“不仅被她用来说明现象的类同，而且还旨在跳过不言自明的一切”，“此外，这一符号还有一个功能：它删除了20世纪俄国文学中的许多东西”。面对这由一个又一个破折号造成的意义的

① 马克·斯洛宁著，浦立民、刘峰译：《苏维埃俄罗斯文学》，上海译文出版社1983年版，第277页。

空白，置身于由各种跳跃所形成的语义停顿，读者感受到了一种阅读的刺激和挑战。读者被迫用积极的思考和想象，来还原作者的情感过程，这大约就是茨维塔耶娃所说的“阅读是创作过程的同谋”一语的含义吧。需要说明的是，由于汉语与俄语在语法上存在巨大差异，茨维塔耶娃原作中破折号所表达的语法意味，甚至被省略的含义，在汉译中往往是需要添加进去的，因此，在汉译中继续保持原文中的每一个破折号，或许就是画蛇添足了。

多变的格律和急促的节奏，洗练的句法和陌生化的词法，紧张的对话和戏剧化的冲突，所有这些诗歌手法合为一体，共同营造出一种极度的紧张感和不和谐感。一位《终结之诗》的研究者将这部长诗的总体美学风格定义为“临界诗学”（поэтика предельности），这个说法似乎也可以用来概括茨维塔耶娃的整个诗歌创作。

## 三

作为诗人的茨维塔耶娃，她在俄国文学史中的价值和意义至少体现在这样几个方面。

首先，她是白银时代最为杰出的诗歌代表之一。19世纪末20世纪初的白银时代是俄国文学史上继黄金时代后的又一个文学繁荣期，俄国再度出现“天才成群诞生”的壮观景象。白银时代是俄国的“文艺复兴”，是一个文化的时代，更是一个文学的时代，诗歌的时代。在这一时期，象征派、阿克梅派、未来派等诗歌流派相继崛起，各领风骚，每一流派均推出了其代表诗人，如象征派的勃洛克和勃留索夫，阿克梅派的阿赫马托娃和曼德施塔姆，未来派的马雅可夫斯基和帕斯捷尔纳克等，而唯一一位从未加入任何诗歌流派却又成为白银时代最杰出诗歌代表的诗人，就是茨维塔耶娃，她鲜明的个性和独特的诗风就像一面鲜艳的旗帜，孤独地飘扬在白银时代的诗歌巅峰之上。

其次，茨维塔耶娃是俄国文学史上最早出现的女性大诗人。在茨维塔耶娃之前，俄国文学主要是一种“男性文学”，黄金时代的一流作家和诗人中间很少看到女性的身影，直到白银时代，一大批女性作家和诗人，如阿赫马托娃、吉比乌斯、苔菲等，才突然涌现，使俄国文学成为真正的男女声重唱。茨维塔耶娃几乎与阿赫马托娃同时登上诗坛，阿赫马托娃的第一部诗集《黄昏集》出版于1912年，而茨维塔耶娃的第一部诗集《黄昏纪念册》出版于1910年。这两位伟大的女诗人不仅以女性的身份步入俄国诗坛，更把女性的情感、女性的主题、女性的立场带进了俄语诗歌。两人的早期抒情诗大多为爱情诗，抒写爱情给抒情女主人公带来的悲剧感受。但是，如果说阿赫马托娃形式严谨的诗作主要是用细节来传导女主人公细腻的内心活动，茨维塔耶娃则更多地用奔放的诗句直接道出女主人公的执意，甚至决绝。因此可以说，较之于阿赫马托娃，茨维塔耶娃的诗似乎更具“女性主义”意识。试比较一下她俩各自的一首名诗，即阿赫马托娃的《最后一次相见的歌》（1911）和茨维塔耶娃的《我要收复你》（1916）。阿赫马托娃在诗中写道：“胸口无援地发冷，/但我的脚步还算轻快。/我在用我的右手/把左手的手套穿戴。//楼梯仿佛很漫长，/但我知道它只有三级！/秋风在槭树间低语：/‘求求你，和我一同死去！’/……/这就是最后一次相见的歌。/我打量黑暗的房间。/只有几支冷漠的蜡烛，/在卧室抖动昏黄的火焰。”此诗用“我在用我的右手/把左手的手套穿戴”这一著名“细节”，绝妙地体现了女主人公内心的慌乱，它与后面送别的“楼梯”、痛苦的“秋风”和卧室的“烛光”相叠加，透露出一位与爱人（爱情）分手的女性深刻的悲伤。但是，此诗也表达了女主人公的克制，分手时她并未忘记戴上手套，面对一切她试图表现得从容和坦然一些。对痛苦内心的深刻体验和体验之后的努力克制，是阿赫马托娃这首诗、乃至她整个早期诗歌总的情绪特征。和《最后一次相见的歌》一样，茨维塔耶娃的《我要收复你》大约也是一首“失恋诗”，但女主人公的态度却大相径庭：“我要收复你，从所有土地，所有天空，/因为森林是我的摇篮，坟墓是森林，/因为我站在大地，只用一条腿，/因为我为你歌唱，只为你一人。//我要收复你，从所有时代，所有夜晚，/从所有金色的旗帜，所有的宝剑，/我扔掉钥匙，把狗赶下台阶，/因为在尘世的夜我比狗更忠诚。//我要收复你，从所有人，从某个女人，/你不会做别人的夫，我不会做别人的妻，/我要从上帝那里夺回你，住口！——/在最后的争吵，在夜里。//但我暂时还不会为你送终，/哦诅咒！你依然留在你的身边：/你的两只翅膀向往天空，/因为世界是你的摇篮，坟墓是世界！”此诗中的女主人公坚定自信，声称要从“所有土地”、“所有天空”、“所有时代”、“所有夜晚”收复你，“要从上帝那里夺回你”，而且，“我暂时还不会为你送终”！显而易见，茨维塔耶娃的“女性立场”是更为激进的。茨维塔耶娃的诗歌创作在当年就引起了众多女性读者的共鸣和崇尚，在她以及阿赫马托娃等女性诗人出现之后，一代又一代俄罗斯女性仿效她俩，拿起笔来写诗，从此之后，女性声音便成了俄国文学尤其是俄语诗歌中一个水量丰沛的潮流，一种硕果累累的传统。

再次，茨维塔耶娃极具现代感的诗歌创作构成了俄语诗歌发展进程中的一个路标。前文谈及茨维塔耶娃诗歌语言的诸多“现代”特征，这里再以她的长诗《终结之诗》为例，来说明她的创作的“先锋性”。《终结之诗》是一部地道的“20世纪长诗”，所谓“20世纪长诗”，是比照传统的“19世纪长诗”而言的。以拜伦的《唐璜》、普希金的《叶夫盖尼·奥涅金》等为代表的“19世纪长诗”大多表现为“诗体的叙事”，其中有着统一的情节和统一的格律，而到了茨维塔耶娃写作《终结之诗》的20世纪20年代，世界诗歌中却突然出现一种新的长诗形式，或曰长诗写作的新范式。其特征总体说来，就是篇幅和体量的缩减，故事情节的淡化，抒情性和主观性的加强，作品呈现出碎片化、印象式、象征性等趋向。我们注意到，在茨维塔耶娃写作《终结之诗》的前后，勃洛克写出《十二个》(1918)和《报复》(1921)，马雅可夫斯基写出《穿裤子的云》(1916)和《关于这个》(1923)，帕斯捷尔纳克写出《施密特中尉》(1925—1927)，T. S.艾略特也写出《荒原》(1922)。众多大诗人在长诗写作范式方面这种“不约而同”的尝试应引起我们的关注和思索，而且，长诗体裁自身的这一变化也是与世界范围内现代派诗歌的生成密切相关的。理解了这一点，便不难理解茨维塔耶娃的《终结之诗》在世界诗歌发展史中显明的“路标转换”意味，而在整个俄语诗歌的发展过程中，茨维塔耶娃和她那个时代的许多大诗人一样，也是从古典向现代转变过程中的“里程碑”。

最后，茨维塔耶娃的一生构成了20世纪俄国诗人悲剧命运的一个象征。茨维塔耶娃的一生，是饱经磨难的一生：她很早就失去父母；她成为一位成熟诗人之时，恰逢俄国革命爆发，她的生活一落千丈，丈夫失踪，小女儿饿死，孤女寡母相依为命；她“俄罗斯之后”的流亡生活长达17年，其间始终居无定所，在极度的贫困中度日；返回苏联后，她和她的家人又无一例外地遭遇厄运……她似乎在用她真实的生活际遇，图解她自己给出的一个关于诗人和诗歌创作的定义：诗人就是犹太人，就是永远被逐的人；写诗就是殉道，就是一种受难的方式。

# 索尔仁尼琴小说的时空观

◇任立侠

内容提要：索尔仁尼琴大型作品在结构上的最大特点，是在极度压缩的时间中，将人物置于劳改营、监狱、癌症楼等封闭的空间里，迫使其从事劳动或处于癌症的威胁之下，并在复调结构的保障下使其通过观察、对话、讲述、回忆、梦境等方式充分表达对个人、国家、历史与现实的看法，体现个体对自由、生命、人性的思考，以此在文本中融入一个开放的世界。此外，小说标题体现了时空的独特象征意义。在浓缩的时空中塑造人物，不仅是索尔仁尼琴独特的人生经历导致的创作冲动，也是他追求真理、追求人性的理性思考。

关键词：索尔仁尼琴　浓缩时空　开放世界　标题　象征

任立侠，安徽师范大学外国语学院副教授，文学博士，硕士生导师。主要研究方向为：俄罗斯文学。本文原载于《齐齐哈尔大学学报》（社会科学版）2017年第5期。

学界对俄罗斯作家索尔仁尼琴（A. Солженицын，1918—2008）及其作品的解读经历了几个阶段。早期多为泛政治化的阐释，无论是《新世界》与《十月》杂志在20世纪60年代围绕《伊凡·杰尼索维奇的一天》（1959）（以下简称《一天》）的论争，还是对"带着盲目的仇恨"（西蒙诺夫语）的《第一圈》（1968）

的批判，以及对“表面上写癌病房的生活的小说充满着社会政治批判激情”[①]的《癌症楼》（1967）的点评，在各国的研究语境中都不鲜见。20世纪80年代末以来，随着俄罗斯政治环境的变化及索尔仁尼琴作品在俄国国内的大量回归，大多数评论文章渐趋理性，一如在中国语境中其形象经历了由负面到正、负面并存的重大转变[②]，大家开始更关注其作品的深层意蕴：其创作与同时代文学的关系、对19世纪文学传统的继承与创新、作品中的宗教与农村主题等。其中，也有论者论及作品的时空关系：如法国学者乔治·尼瓦（G. Vivat）认为，其文本在结构上的最大特点是“浓缩时空”：在“极度压缩的时间”中把人封闭“在囚室、劳改营、病室……等狭小空间”[③]中。另有阐释者或关注作品中的时间线索及其象征意义，或追踪巴赫金意义上的“时空体”（хронотоп）的变化。以上研究当然各有优势。但文本意义是复杂、多维的，时空元素在参与文本意义建构时所起的作用也颇为复杂。本文以索尔仁尼琴的名著《一天》《第一圈》《癌症楼》为例，考察作家的时空观和时空元素在文本意义建构过程中的具体应用及作用。

## 一、浓缩的时空设置与开放的世界植入

索尔仁尼琴经常使用“浓缩的时间”来表达他的创作理念。在

① 张捷、李辉凡著：《20世纪俄罗斯文学史》，青岛出版社1998年版，第445页。

② 赵海霞、许传华著：《中国语境中的索尔仁尼琴形象——兼论中国的索尔仁尼琴研究》，《西伯利亚研究》2014年第6期，第61页。

③ 乔治·尼瓦著：《索尔仁尼琴》（Нива Ж，Солженицын），文学作品出版社1992年版，第44页。

与俄裔法国学者H.Струве[①]的访谈[②]中，他运用两个表示“浓缩”（浓缩уплотнение，浓缩性плотность）的同根词竟达12次之多。他谈及《一天》的构思时说：“可以描写自己在劳改营中的十年，那是劳改营的整个历史，——但是把一切集中在一天就够了。”也说到《第一圈》的写作：“我是在那呆过3年。要把这3年都写进去吗？太冗长了，要浓缩……很显然，我自身就有这种浓缩的热情。”可见，他的时空观符合巴赫金对时空的看法：“时间在这里浓缩、凝聚，变成艺术上可见的东西；空间则趋向紧张，被卷入时间、情节、历史的运动之中。时间的标志展现在空间里，而空间则要通过时间来理解和衡量。”[③]他如此解释时空设置：“每一个作品都能成为平面束（пучок плоскостей），在数学中穿过指定点的平面集合称为平面束。我从空间选取了一个点……却有数不清的、通往世界各个方向的平面穿过这个点……在每一个空间点上都能再现和贯穿所有的平面。”[④]这意味着，其文本时空被浓缩成点状，而透过这个点穿起多个发散层面，即“一个节点被选出来后，所有的努力都集中到它这

① 中文译名不详。

② 亚·索尔仁尼琴著：《政论文》第2卷：《公开声明、信件与访谈》(Солженицын А. Публицистика в 3-х томах. Т. 2: Общественные заявления, письма, интервью)，上伏尔加河出版社1996年版，第421—422页。

③ 巴赫金著，白春仁、晓河译：《巴赫金全集》第三卷，河北教育出版社1998年版，第274—275页。

④ 亚·索尔仁尼琴：《苏联俄罗斯加盟共和国莫斯科作家组织联盟作家协会散文创作联合会扩大会议速记记录》(Солженицын А. Стенограмма расширенном заседании бюро творческого объединения прозы Московской писательской организации СП РСФСР)，弗·格列采尔、叶·楚科夫斯卡娅编：《词语为自己开路(1962—1974年期间索尔仁尼琴其人其作研究论文集)》[В. Глоцер и Е. Чуковская. Слово пробивает себе дорогу (Сборник статей и документов об А. И. Солженицыне (1962—1974)]莫斯科俄罗斯道路出版社1998年版，第292—293页。

里来，目的是立刻从各个方面展示它”[①]。以此为原则，小说中就出现了极度浓缩的时间“节点”：《一天》讲述了囚犯舒霍夫从早上5点起床到晚上10点躺下睡觉“一天”的生活；《第一圈》描写了特别监狱囚犯们3天半的经历；《癌症楼》第一部的故事时间被限定在3天之内，第二部因遵循治疗过程而延长至几周。不仅故事时间被高度压缩，故事空间也相对狭小封闭。《一天》中犯人们的整个活动区域，是由劳改营—草原—工地—草原—劳改营构成的封闭的圆形空间。《第一圈》的故事发生地是马尔菲诺特别监狱，众多科学家、艺术家被迫生活和工作于这个封闭的空间中。《癌症楼》中的大部分场景则发生于癌症病房及与其相连的空间。作家坦言：“如果我的空间过大，我会觉得不适应。可能是习惯于牢房生活使然。在小说中我不能让我的材料铺陈过散。”[②]

高度浓缩的时空设置具有两个特点：一方面，它割断了人物与外部世界的联系，使其身体和行动都受到限制。比如，无论在劳改营还是在建筑工地，囚犯都处于封闭的圆环里：到处围着铁丝网，四周有荷枪实弹的哨兵把守。人的行为受到严格限制，缺乏最基本的生活保障，人的尊严更无从谈起：“除了做梦以外，每天只有在早上吃早饭的十分钟、吃午饭的五分钟和吃晚饭的五分钟里，才是为自己活着。”[③]特别监狱的犯人们从事超强度脑力劳动，他们一天工

① 乔治·尼瓦著：《索尔仁尼琴》，文学作品出版社1992年版，第81页。

② 亚·索尔仁尼琴著：《政论文》第2卷：《公开声明、信件与访谈》，上伏尔加河出版社1996年版，第422页。

③ 亚·索尔仁尼琴著，斯人，等译：《伊凡·杰尼索维奇的一天》，人民文学出版社2012年版，第10页。

作“十四个小时”，“整整一年时间里没有一天休息”[1]，其研究成果被当局或监狱官员无偿剥夺，他们没有人权与自由，甚至连“性”的权利也没有。癌症患者的状况也很差，他们不仅受到医护人员的约束，更受到死神的威胁。但是，另一方面，短促的时间和狭窄的空间也会对人物形成挤迫，最大限度地调动起他们的意识活动，促使他们进行紧张的思考。并且，人们的空间距离被拉近后，也会产生更多思想交流碰撞的可能。当然，这第二个特点要靠小说的“复调结构”（полифоническая композиция）来实现。

索尔仁尼琴从创作《第一圈》开始，就一直将复调结构作为其“大型叙述的必要手段”[2]，他认为《第一圈》《癌症楼》《红轮》（Красное колесо）等是“严格限定时空的多声部小说”：“情节一旦转向某个人，这个人就成为主角……作家不偏袒其中的任何一个人，他应该理解每一个人物及其行为动机。”[3]比如，在《第一圈》的浓缩时空中，外交官沃洛金打往美国大使馆的神秘电话构成了该小说的情节主线，它将所有人串联了起来：从社会最底层的囚犯到以斯大林为首的各级高官，以及一系列中间人物。而在封闭的“癌症楼”中，可怕的癌症把各色人等分别置于死神面前，对其进行生死拷问。由于阶级、民族、地域、年龄、性别等的差别，这些人在现实时空中有时不可能有交集，此时却出现在同一文本内部，众声喧哗，时

① 亚·索尔仁尼琴著，景黎明译：《第一圈》（上），群众出版社2000年版，第120页。

② 亚·索尔仁尼琴著：《政论文》第3卷：《文章、信件、访谈与前言》（Солженицын А.И. Публицистика в 3-х томах. Т. 3: Статьи, письма, интервью, предисловия），上伏尔加河出版社1997年版，第264页。

③ 弗·克拉斯诺夫著：《索尔仁尼琴与陀思妥耶夫斯基：复调小说研究》（Krasnov V. Solzhenitsyn and Dostoevsky: A Study in the Polyphonic Novel），佐治亚大学出版社1980年版，第2页。

空并置而又互相对照，文本空间由此便具有了“广场”性，这正是巴赫金所说的“复调性”（полифония）的空间基础。正是借此“多声部”式的复调结构，文本人物在有限的时空中承受着极度压迫的同时，展开思考、对话、辩论甚至是争吵，表达对意识形态、国家发展道路等问题的个人看法，提出对善与恶，生与死、自由与非自由、谎言与真理等主题的个人见解。这不仅极大拓宽了文本的信息容量，更生动地展示了历史动态及社会生活的诸多层面，保持了一种开放性与个体性，让个体甚至如作家一样用“牛犊顶橡树”的顽强力量抵制重压，获得内在的精神自由和道德完善。具体而言，在复调结构的保障下，小说人物用以下方式打破了浓缩的故事时空的限制，在文本中植入了一个广阔的世界。

首先，人物以讲述、对话、讨论等方式拓展了文本时空。《一天》中的队长丘林讲述自己入狱前后的经历；《癌症楼》里卡德明夫妇与科斯托格洛托夫通信回忆流放地的生活；《第一圈》中实录了几封讲述监狱外生活的家属来信。最典型的是《第一圈》中囚犯们进行的思想交流，甚至有一整章都是由犯人们七嘴八舌、漫无边际的对话构成的。这些人被剥夺了所有权利，失去了所有物质财富，只剩下了精神生活，他们在身体极端不自由的情况下却获得了精神自由。在其精神空间里占据重要地位的，是智力游戏、辩论、讨论、对话甚或争吵。论争的中心问题是对20世纪俄罗斯历史的各种可能性的思索，尤以数学家涅尔仁、设计师索罗格金和语文学家鲁宾的见解最具代表性：涅尔仁坚决反对现存制度，他因“思想方式”而坐牢；索罗格金对现存制度也持反对立场，称其为“新的混乱时代”；而鲁宾坚决拥护斯大林，相信自己入狱只是一个错误。他们对自身见解的坚持与对他人信条的驳斥，即思想的交锋，构成了小说的“精神内核”[①]。

其次，人物凭借内心的记忆空间突破压抑的故事时空。现实的苦难不断召唤处于狭小封闭空间中的人们在回忆中追溯那个被碾碎与被抛弃的过去，寻求精神支点及出路，他们“都生活或者复活于记忆空间”[②]。《一天》中，舒霍夫记起了教会他劳改营生存之道的前队长。他想起了老婆的来信，迫切想出狱后凭双手改变生活。这典型又平常的一天，作为狱中3653个日夜的缩影保存在他的记忆里。可以说，在他作为“内在的视力”的记忆空间中“没有封闭性的圆周”，出现的是“村庄、俄国、世界的形象”[③]。《第一圈》中，沃洛金回忆起过世的母亲及其日记，回想起探访舅舅及游历乡村时的情景，总结出一个道理：“人只能有一个良心；而破碎了的良心有如逝去了的生命，是无法弥补的。”[④]这唤醒了他的良知，促使他冒着生命危险给无辜的医生打电话；在监狱中生活了5年的涅尔仁，正是基于对妻子和他们共同生活的回忆，才在最后时刻拒绝了监狱里爱他的姑娘。《癌症楼》中，科斯托格洛托夫出院后面临着三种选择：去医学院大学生卓雅家做客，去找爱慕的医生薇加，或回记忆中的流放地。而记忆的力量作为心灵的基石

① 那·列伊杰尔曼、马·利波维茨基著：《当代俄罗斯文学》卷一：《“解冻”文学（1953—1968）》［Лейдерман Н., Липовецкий М. Современная русская литература. Кн. 1: Литература «Оттепели» (1953—1968)］，URSS出版集团2001年版，第193页。

② 柳·萨拉斯金娜编：《大时代背景下的索尔仁尼琴之路：纪念论文集：1819—2008》（Сараскина Л. И. Путь Солженицына в контексте Большого Времени: Сборник памяти: 1819—2008），俄罗斯道路出版社2009年版，第123页。

③ 阿格诺索夫著，凌建侯，等译：《20世纪俄罗斯文学》，中国人民大学出版社2001年版，第516页。

④ 亚·索尔仁尼琴著，景黎明译：《第一圈》（上），群众出版社2000年版，第80页。

决定了他对未来生活的选择：他权衡再三，最终决定回流放地去。

再次，人物通过观察自然空间突破文本时空的界限。在劳改营中，拥有生杀大权的当局不仅致力于使囚犯屈服，还妄图征服一切，甚至想要破坏自然法则。《一天》中有一个场景：舒霍夫看到太阳升到高空，认为根据老祖宗的说法，中午12点时太阳最高，而其狱友海军中校则认为太阳最高的时候是1点，这是苏维埃政府的法令规定的。舒霍夫心里不服气，他在一天当中多次悄悄观察太阳。最终他确信，太阳作为光和热的源泉、测量人类生命时间的天然钟表，没有向任何人为权力屈服，没有受到人为建造的劳改营的管制而停止运行，也没有因为人为制定的国家法令而改变发光、发热的时间，可见，太阳不仅反抗冰冷、阴暗的劳改营，也反对制造出古拉格的政权。这一发现让他窃喜。这表明，在黑暗的劳改营中，身心受限如舒霍夫者也能通过自己的观察突破浓缩时空的禁锢，坚定内心不屈的信念，获得精神自由。

除此之外，人物还通过梦境来突破压抑的故事时空。《第一圈》中的农民斯皮里东、《癌症楼》中的高官卢萨诺夫等都通过梦境来表达自己的忧虑及潜意识。这种叙述手段不仅加深了读者对人物的心理状态及其精神面貌的了解，深化了文本的深层意义，也将我们带到文本之外的现实时空。

## 二、真实的时空名称与象征的意义世界

索尔仁尼琴在作品中非常喜欢运用隐喻与象征，他采用这些手

段变抽象为形象，化无形为有形，使描摹的事物惟妙惟肖地进入读者的脑海。仅就我们所探讨的小说《一天》《第一圈》《癌症楼》而言，这些表示时空的标题本身即具有明显的象征意义。

《一天》的俄文标题是“Один день Ивана Денисовича”，在表示“一天”的单数名词“день”之前又加上表示“一个”的修饰语“один”，构成的词组突出强调了其单数意义，于是，这个词组就获得了代表普遍性的意味。并且，文本的结尾处有意凸显这一表达式的概括性象征意义，“这样的日子他从头到尾应该过三千六百五十三天。因为有三个闰年，所以得另外加上三天……”[①]至此，这看似普通的一天即转变成了十年劳改营生活的缩影。不仅如此，“一天”还是整个时代的象征。俄侨作家索洛涅维奇（И. Солоневич）指出：“集中营内外没有本质区别……在劳改营中发生的一切事情，同样也发生在监狱之外，或者相反。只是，发生在劳改营中的一切看起来更直观、更简单、更清晰。”[②]基于这种理解，可以说：“索尔仁尼琴短篇小说中描绘的劳改营是苏联社会的缩印版，它保留了原版的所有重要特征和性质。”[③]正如刘文飞所言，这普通劳改营犯人的短暂又无比漫长、浓缩又无限扩张的“一天”，高度压缩地“再现一个时代以及一代人在这个时代中的遭遇”[④]。

---

① 亚·索尔仁尼琴著，斯人，等译：《伊凡·杰尼索维奇的一天》，人民文学出版社2012年版，第114页。

② 伊·索洛涅维奇著：《集中营里的俄罗斯》（Солоневич И. Россия в концлагере），现代学派出版社2011年版，第126页。

③ 亚·乌尔曼诺夫著：《〈伊凡·杰尼索维奇的一天〉是集中营时代的镜像》（Урманов А.«Один день Ивана Денисовича» как зеркало эпохи ГУЛАГа），布拉戈维申斯克国立大学出版社2003年版，第74页。

④ 亚·索尔仁尼琴著，斯人，等译：《伊凡·杰尼索维奇的一天》，人民文学出版社2012年版，第4页。

难怪作家说："这一天就是我们全部的生活。"[①]

"第一圈"这个标题也具有多层语义。首先，它借自但丁，"他为了妥善安置古代哲人而绞尽脑汁。作为一名基督徒，他有义务把那些异教徒扔进地狱里去，但作为一名文艺复兴的成员，要把那些哲人与形形色色的普通罪犯一体对待，让他们也去遭受各种肉体折磨，他就深深感到良心不安。于是，他在《地狱》第四章里，为那些哲人安排了一个特殊的位置"[②]。索尔仁尼琴借此命名马尔菲诺特殊监狱，表示这所监狱的物质条件要比普通劳改营稍好，不过，它毕竟还是监狱，是古拉格地狱的第一层。其次，它在沃洛金的眼中还代表着当时的社会。在乡村漫游时，沃洛金在地上画了两个相套的圆圈，内圈代表所处的环境，外圈代表全世界和人类，他指出，"内圈本该成为与外圈和谐一致的有机组成部分"，但现在"内圈已成为偏见的城墙！上面装配着机关枪和带刺的铁丝网！谁敢去碰它，准会头破血流！"[③]再次，小说中多次出现的"圆圈"都具象征意义。仅以文本中最后一次出现的"圆圈"为例。在小说中，沃洛金为友人通风报信的电话铃声最终成了诱捕他入狱的致命圈套，最后一个"圆圈"即出现在沃洛金被诱捕时："胜利"牌汽车载着他在国家安全部大楼前的卢比扬卡广场上转了个"圈"，"就好像在向广场告别似的，给英诺肯基最后一次机会，看一看这个灯光通明的花花世界，

① 亚·索尔仁尼琴：《政论文》第2卷：《公开声明、信件与访谈》(Солженицын А. Публицистика в 3-х томах. Т. 2: Общественные заявления, письма, интервью)，上伏尔加河出版社1996年版，第421页。

② 亚·索尔仁尼琴著，景黎明译：《第一圈》(上)，群众出版社2000年版，第19页。

③ 亚·索尔仁尼琴著，景黎明译：《第一圈》(上)，群众出版社2000年版，第399—400页。

以及大卢比扬卡和小卢比扬卡连接起来的五层高楼，他就要在那里结束他的生命”[①]。作家别有深意地安排他以这种“圆满”的方式告别人间走向“地狱”，这象征着觉醒之人若要获得精神自由必须付出生命代价。

翻开《癌症楼》的第一页，映入眼帘的首先是一句“癌症楼也叫13号楼”，这个数字立即引出了人们对“不祥之物”的隐喻联想。“癌症楼”几乎等同于终生监禁的“死牢”，即使有人可以从这座“监狱”里出去，“可一出大门他就又会被逮捕”[②]。这里的“癌症”不仅指身体之癌，还喻指病态的社会之癌与“国家之癌”[③]。如果说肿瘤是人身上的癌，那么劳改营和流放地就是国家身上的癌，“一个人会由于肿瘤而丧命，一个国家增生了许多劳改营和流放地又怎能生存?”[④]科斯托格洛托夫如是说。

但我们还应该看到，索尔仁尼琴笔下的劳改营、流放地、地狱的“第一圈”和癌症楼等并非仅仅隐喻苏联当时残酷、封闭及病态的专制体制，这些空间在更深层次上象征着人所遇到的极端境遇，“这种极端境遇的状况本身是一种被遮掩的真相，而人在这种境遇中发出的反抗现实，呼唤人性、尊严、道德和宗教的声音，更值得我们关注”[⑤]。劳改营、监狱和癌症楼都是人性的破坏者，作家在文本中从不放过任何能展示其破坏力的东西，很多人因此称他是不屈的

---

① 亚·索尔仁尼琴著，景黎明译：《第一圈》(下)，群众出版社2000年版，第373页。

② 亚·索尔仁尼琴著，姜明河译：《癌症楼》，译林出版社2009年版，第133页。

③ 齐宏伟著：《〈癌症楼〉中索尔仁尼琴对“国家之癌”的反省》，《名作欣赏》2009年第5期，第112页。

④ 亚·索尔仁尼琴著，姜明河译：《癌症楼》，译林出版社2009年版，第566页。

⑤ 郁旭映著：《癌症楼的隐喻》，《俄罗斯文艺》2009年第1期，第57页。

斗士。但正如安·涅姆泽尔（A. Немзер）所言：“索尔仁尼琴的斗争永远不是以‘反对’，而总是以‘赞成’的形式出现——为生命和自由而战。”[①]在《一天》中，尽管劳改营里的长官掌握着有形的钟表和无形的刑期，尽管舒霍夫有时也怀疑自己是否能按时释放，“可是有时一想起刑期快满了，线团眼看要绕完了，真高兴得连气也接不上来了……‘上帝啊，能不能让我获得自由呢？’”[②]舒霍夫在家人来信中得知农庄庄员私自印花毯赚钱，他迫切渴望着：“真想哪怕看上一眼这种花毯也好……”[③]艰难的一天马上要结束时，为感谢替自己排队取邮包，狱友采扎里把晚饭让给了他，“舒霍夫正盼着这样！这时他像一只自由的鸟，飞出门斗去，在营区飞翔，飞翔！”[④]鸟的形象，不仅比喻其飞奔的姿态，更象征着他渴望自由的心灵。《第一圈》中的涅尔仁“确实不以五年牢房生涯为憾事；……除了监狱，还能在别的什么地方对人世作如此深刻的了解呢？还能在别的什么地方如此深刻地反省自己呢？他命中注定要进监狱。这也许，恰恰把他从青年人常犯的已然或或然的无数错误中，拯救了出来”[⑤]。所以美国学者唐·范格尔说：“从反映‘劳改营中大事就是你曾享有过很多自由’的伊万·杰尼索维奇，经过《第一圈》中和

① 安·涅姆泽尔著:《上帝天空下的艺术家》(Немзер А.: Художник под небом Бога),《莫斯科新闻时间报纸》1998年12月11日,第7版。

② 亚·索尔仁尼琴著,斯人,等译:《伊凡·杰尼索维奇的一天》,人民文学出版社2012年版,第44页。

③ 亚·索尔仁尼琴著,斯人,等译:《伊凡·杰尼索维奇的一天》,人民文学出版社2012年版,第27页。

④ 亚·索尔仁尼琴著,斯人,等译:《伊凡·杰尼索维奇的一天》,人民文学出版社2012年版,第89页。

⑤ 亚·索尔仁尼琴著,景黎明译:《第一圈》(上),译林出版社2009年版,第417页。

格列勃·涅尔仁一起发现‘人类只有在监狱中才表现出真正的伟大……’的狱友们，直到《癌症房》中一心要发现人是靠什么活着的病人们，这之间，辩证法的教诲是一致的：由于失去自由，才能最深刻地理解实际存在的自由。”①

刘亚丁在论及《癌症楼》时认为：“索尔仁尼琴把他的大多数人物都逼到将死的绝境中，然后再来进行道德审判，或自我反省，或强制审判。”②这种观点也适用于《一天》和《第一圈》。《一天》中，舒霍夫经历了多年牢狱生活，但他没有丧失最起码的骨气与尊严，他热爱劳动，在保全自己的同时不忘帮助他人。而其狱友“老狼”则完全丧失了底线：到处捡烟头，常因强舔别人的空盘子而挨打。作者强调的是：人只能用自己的人类品质才能拯救自己。《第一圈》中，以涅尔仁为首的囚徒们，不仅以言语和思考表达各自对生命、自由与历史的看法，还必须以实际行动做出道德选择，检验各自的人生信条。在这里，道德的阶梯是反向的，要想继续留在“第一圈”或获得人身自由，就要不断地出卖智慧和良知，若要获得精神自由或进行任何反抗，就会被解往贴近死亡的普通劳改营。在为当局做研究有可能重获人身自由的诱惑下，不同人物的选择体现着各自人性的高低：鲁宾毫不犹豫地同意主持声纹指证研究，要帮助当局抓住打神秘电话之人；涅尔仁要保持清醒头脑思考人生，坚决拒绝与当局合作；索罗格金经过犹豫摇摆，最终以交出保密电话扰频器设计图为契机向监狱管理方妥协。可见，尽管作家尽量保持“各个声

① 唐纳德·范格尔著：《索尔仁尼琴：艺术和域外事态》，社会科学文献出版社1996年版，第98页。

② 刘亚丁著：《苏联文学沉思录》，四川大学出版社1996年版，第143页。

部”的平等，但这仅针对文本空间意义而言，而在价值评判层面，却保留了基本的道德立场：他充分肯定了舒霍夫、涅尔仁、科斯托格洛托夫在生死考验面前对自我的认同、对肉体及现实幸福的向往，同时伴随着道德的提升和灵魂的净化。所以，索尔仁尼琴确实是道德审判的法官，他依据“是否能抛开利己主义，用爱和同情来对待周围的兄弟”[①]的道德原则，将小说人物置于“人性阶梯”的不同层次之上。

## 结　语

作为新根基派，索尔仁尼琴与“根基”学说的创始人陀思妥耶夫斯基一样，他宣称：“文学的任务是要告诉人民他们所期望知道的真实情况……作家的任务是选择更普通和具有永恒性的问题，诸如：人的内心和良知的秘密，生与死的对抗，战胜精神上的痛苦，以及产生在远古时代的人类历史法则，这些法则只有在太阳不会放射光芒时才会消失。”[②]他一直带着这样的使命感进行创作。在构建大型作品时，他运用并发展了陀思妥耶夫斯基开创的复调结构，将人物放在极度狭小的时空维度，使其遭遇极限境遇，迫使其思考人生，做出主动或被动的残酷选择。他之所以选择这种文本叙述结构，大概有三方面原因：其一，这与他的人生经历有关。他本人因言语冒犯国家首脑而

① 那·列伊杰尔曼、马·利波维茨基著：《当代俄罗斯文学》卷一：《“解冻”文学（1953—1968）》［Лейдерман Н., Липовецкий М. Современная русская литература. Кн. 1: Литература «Оттепели» (1953—1968)］，URSS出版集团2001年版，第179页。

② 唐纳德·范格尔著：《索尔仁尼琴：艺术和域外事态》，社会科学文献出版社1996年版，第96页。

被捕入狱，先后在劳改营、特殊监狱和流放地呆过，并两次罹患癌症，入塔什干肿瘤医院治疗。他将人生的“非常状态”化作创作冲动，将“囚禁状态”内化为极限境遇，由此拷问其笔下人物对人生意义的体悟。其二，与他理工科出身的背景有关。他大学毕业于物理数学系，在搭建作品框架时，尽量做到明晰严谨，时空明确。其三，也是最主要的原因，源自作家对身处其中的20世纪的现实历史时空的深刻思考。20世纪的俄罗斯历史复杂、残酷而又混乱，一向坚持独立思考的索尔仁尼琴身处其中并备感精神焦虑，其笔下人物也都感受到时代的紧迫气息——赶超历史，跨越时代，一项“十年才能完成的工作”，规定“必须在一年内完成”[①]。在这浓缩的时空中，人必须遭遇高压，每个个体都在极度不自由的境遇下思考着自由与禁锢、善与恶、生与死、谎言与真相，思索着人生的意义和真理。无怪乎乔治·尼瓦感叹，索尔仁尼琴作品中浓缩的时空“不仅是做过劳改犯的索尔仁尼琴用监狱经验创造出来的，这也是作为作家的索尔仁尼琴的写作需要”[②]。我们还可以补充一点——这还是时代引起的焦虑促使作家对真理、人性及人生意义的深沉思考。

① 亚·索尔仁尼琴著，景黎明译：《第一圈》（上），译林出版社2009年版，第121页。

② 乔治·尼瓦：《索尔仁尼琴》，文学作品出版社1992年版，第44页。

# 尤·波·库兹涅佐夫爱情诗中的费·丘特切夫传统

◇邱静娟

**内容提要：** 尤·波·库兹涅佐夫是俄罗斯当代著名浪漫主义诗人，他的诗歌在俄罗斯诗歌史上占有一席之地。他的爱情诗继承了19世纪浪漫主义诗人费·伊·丘特切夫“杰尼西耶娃组诗”抒写“致命的爱情”的传统。本文通过比较两位诗人爱情诗在悲剧因素、主题、悲剧人物方面的异同，论证库兹涅佐夫对丘特切夫传统的继承，揭示其特色。

**关键词：** 尤·波·库兹涅佐夫　费·伊·丘特切夫　爱情诗　传统

邱静娟，安徽师范大学副教授，主要研究领域为俄罗斯侨民文学、俄罗斯当代文学。

爱情，这个古往今来抒写不尽的话题，在不同作家或诗人的笔下获得不同的表现：或深沉执着，或缠绵悱恻，或奔放热烈，或含蓄蕴藉……19世纪俄罗斯浪漫主义诗人费·伊·丘特切夫创作了被称为旷世之作的“杰尼西耶娃组诗”（22首），这组诗歌打破了甜蜜幸福的爱情的幻象，以深刻地抒写“致命的爱情”、探索爱情中的悲剧性见长。俄国当代著名评论家列·阿·奥泽罗夫认为它们是绝无仅有的现象，对此他评论道："无论是在丘特切夫之前，还是在他之后，在俄国文学中没有过如此突出地揭示生命悲剧的抒情诗！"[①]丘特切夫爱情组诗的一个明显的特点，是对爱情细腻独特的体察和对人生深刻悲沉的探寻，揭示出爱情中蕴含的幸福—绝望等对立因素。我国丘特切夫研究专家曾思艺先生认为："在这方面，丘特切夫超过了同时代或稍后所有歌颂、表现爱情的诗人、作家，对人性中的爱情心理层次、爱的奥秘、生命的悲剧，作了更新、更深、更现代、更富哲理的开拓。"[②]显然，就对爱情真谛思考的深度和表现的力度而言，丘特切夫的"杰尼西耶娃组诗"达到了一个相当的高度。而且，对"致命的爱情"的抒写在丘特切夫之后并没有中断，而成为一种诗歌传统，在20世纪初俄罗斯阿克梅派诗人尼·斯·古米廖夫，尤其是在俄罗斯当代诗人尤·波·库兹涅佐夫的爱情诗里，我们找到了对丘特切夫爱情绝唱的回响。

库兹涅佐夫[③]（1941—2003），俄罗斯当代诗人和翻译家，俄罗斯浪漫主义诗歌的代表人物。他出生在库班一个边防军官的家庭。12岁时，库兹涅佐夫开始写诗，16岁第一次在区报上发表诗歌，1966年在克拉斯诺达尔出版了第一部诗集《雷雨》，同年迁居莫斯科，考入文学院，并于1970年毕业。在70年代，库兹涅佐夫的诗歌创作进入黄金时期，1974年发表了第一部"莫斯科"诗集《我心深处和身旁——远方》，之后相继出版了一系列诗集：《世界的尽头

① Озеров Л. «Галактика Федроа Тютчева», Тютчев Ф.И., Стихотворения, М.: Хужожественная литература, 1985, с. 13.

② 曾思艺著:《最后的爱情，黄昏的晚霞》，《世界文化》2005年第9期，第9—10页。

③ 其名也翻译为尤里·库滋涅佐夫。

——在第一个拐角后面》(1976)、《上路，心儿回首》(1978)、《放飞心灵》(1981)、《俄罗斯结》(1983)、《不早不晚》(1985)、《心灵忠实于未知的疆界》(1986)、《金山》(1989)、《永恒之战后》(1989)、《等待上天的标记》(1992)、《再见！我们相见在狱中》(1995)、《俄罗斯曲线》(1999) 等。库兹涅佐夫的诗歌在俄罗斯当代诗坛有很大影响："库兹涅佐夫引领了70年代苏联诗歌形势的发展"[①]，"库兹涅佐夫的诗歌对80年代的读者和诗歌意识产生了无可争议的影响。他的作品出版和再版，他的诗歌被爱好者引用，在获得大量好评的同时也遭致众多非议"。[②]

库兹涅佐夫诗歌题材广泛，且与丘特切夫传统有紧密联系："在70年代，批评界发现库兹涅佐夫诗歌的公民题材、宇宙论、自然哲学主题与费·丘特切夫的遗产有直接联系。"[③]而在这里尚未提到的爱情题材里，我们也能看到：虽然诗人也曾歌颂甜蜜的爱情，抒写爱情所赋予的神奇的力量，但更多时候却是慨叹爱情的狂暴，揭露它给恋爱双方所带来的不幸后果，恋爱中不平等的男女关系等，由此读者也能够发现库兹涅佐夫对丘特切夫诗歌传统的呼应："尤·库兹涅佐夫诗里的爱情经常是'致命的决斗'……对这个题材丘特切夫式的处理让很多人厌恶，因为这与20世纪宣扬的男女平等，以及和文选读本里普希金抒情诗'明亮的忧伤'式的爱情理解相矛

① В.В.Агеносов, История русской литературы XX века Часть2, М.: Юрайт, 2013, С.610.

② Т.К.Савченко, Современная русская литература Поэзия, М.: Государственный институт русского языка им. А.С.Пушкина, 2005, с. 258.

③ Т.К.Савченко, Современная русская литература Поэзия, М.: Государственный институт русского языка им. А.С.Пушкина, 2005, с. 210.

盾。”[①]库兹涅佐夫尤其强调恋爱中不平等的男女关系，这是他爱情诗的一个特色，“这是20世纪宣扬的，但并未实现平等的爱情。当然，里面还有竞争”[②]。

## 一、爱情悲剧的原因

库兹涅佐夫在那首著名的《原子时代的童话》里，探索了爱情悲剧的现代因素，奠定了其爱情诗的基调。“你听说过这个美满的童话，我来讲述它的现代版本，伊凡努什卡走到旷野，随手放箭一射。……她在长久的折磨中死去，眼皮的血管突突直跳。而傻瓜幸福的脸上，泛出认识新知的微笑。”[③]通过改写俄罗斯民间故事里“傻瓜”伊凡（伊凡努什卡是该名字的爱称）和青蛙公主美满的爱情童话，库兹涅佐夫赋予原本美好的爱情童话可悲的结局：伊凡把青蛙公主送上手术台，想了解她身体的构造，结果让她在痛苦中死去。而面对爱人悲惨的死亡，伊凡脸上居然还洋溢着收获新知识的幸福的微笑。在童话的现代版本里，伊凡用自己的爱情之吻为青蛙公主解除魔咒的故事，竟变成技术文明下冷血爱人亲手扼杀妻子的惨剧。童话里外表傻气实则睿智的伊凡，蜕变成了原子时代追求知识、冷酷无情、真正意义上的傻瓜，而青蛙公主完全丧失了自主性，成了伊

---

① Т.К.Савченко, Современная русская литература Поэзия, М.: Государственный институт русского языка им. А.С.Пушкина, 2005, с. 264.

② Т.К.Савченко, Современная русская литература Поэзия, М.: Государственный институт русского языка им. А.С.Пушкина, 2005, с. 264.

③ Т.К.Савченко, Современная русская литература Поэзия, М.: Государственный институт русского языка им. А.С.Пушкина, 2005, с. 219.

凡任性胡为的牺牲品。

在美满童话的现代版本中，爱情残酷的一面无情地展露在读者的眼前，恋爱中的人居然能亲手将爱人置于死地，这不能不令人想到丘特切夫的“致命的爱情”传统（后期的爱情诗）。在丘特切夫的笔下，爱情是一种狂暴盲目的激情，它会使相爱的人陷入绝境：“啊，我们爱得多么致命，在那狂暴热情的盲目中，这真不如说是在把我们心爱的人置于绝境！”（《啊，我们爱得多么致命》）[①]

这两首诗歌一个是死亡，一个是绝境，在两位不同时代的诗人笔下，恋人们在爱情中的处境何等相似。丘特切夫以亲身经历探索过的、饱蘸心血谱写的“致命的爱情”，现在又在当代诗人库兹涅佐夫的诗歌竖琴上奏响。只是，丘特切夫对19世纪的“致命的爱情”抒写突出的是导致双方不幸的爱情，是激情的狂暴和盲目。而库兹涅佐夫则揭示出20世纪科技时代和宣扬男女平等背景下“致命的爱情”的现代因素：它与人类无尽的求知欲相联系，男女没有实现真正意义上的平等，女性成为男性宰割的羔羊。为了获取新知，知识狂人伊凡竟然把妻子送上手术台，技术最终使她殒命。社会的进步、文明的发展并没有为古老的爱情童话锦上添花，却导致了它的悲惨结局，女性成为科技时代男性膨胀的求知欲的牺牲品。由此可见，库兹涅佐夫这位浪漫主义诗人对现代文明的批判态度，他展示出，“现代性和童话——它们是水火不容的”[②]。

① 丘特切夫著，朱宪生译：《丘特切夫诗全集》，漓江出版社1998年版，第265页。

② В.В.Агеносов, История русской литературы XX века Часть2, М.: Юрайт, 2013, с. 621.

## 二、爱情悲剧——不均衡的搏斗

在当代诗人库兹涅佐夫笔下，20世纪的女性虽然能够主动选择爱情，但也无法让自己的身心免受感情的伤害。“你在炽热的夏天，遭遇旋风般的激情。他在这世上徘徊逡巡，是你叫住了他：停！因为你这鲁莽，他把你的生活彻底改变，皱纹密布你的全身，秀发乱成一团。他把你的童心，和旧报纸的碎片，和偏远寒地的尘土，搅混了让它随风飘散。”（《你在炽热的夏天》）[①]爱情，是狂暴的旋风，致命的激情，具有极大的破坏力，摧折了女主人公的肉体和心灵，扫荡了她年轻美丽的容颜，把她稚嫩的心也撕成了碎片。爱情是“风暴”（вихрь），它席卷一切，横扫一切，它把恋人裹挟其中，但受伤深重的却是女性。在不平等的爱情关系中，强势的男性彻底颠覆了女性从前的生活，让她的身心饱经沧桑。

而丘特切夫的“最后的爱情”，对他本人而言，是散发着“迷人的光辉”的“黄昏的霞光”（《最后的爱情》）[②]，对他的恋人杰尼西耶娃而言，它却是一场美好短暂的迷梦，“唉，就像北国的夏天一样，它只是一个短暂的过客”。它剥夺了她“两颊上的玫瑰”，“唇边的微笑和明眸”，心灵深处“那美好的回忆”，带给她“没有欢乐没有眼泪的痛苦”，“是命运可怕的判决书，是一桩不公正的耻辱，把

① Т.К.Савченко，Современная русская литература Поэзия，М.：Государственный институт русского языка им. А.С.Пушкина，2005，с. 228.



② 丘特切夫著，朱宪生译：《丘特切夫诗全集》，漓江出版社1998年版，第301页。

她的一生紧紧压住!”（《啊，我们爱得多么致命》）[①]丘特切夫和杰尼西耶娃两情相悦，为了走到一起，贵族出身的恋人不惜冒犯世俗社会的道德规范，在诗人保持原有家庭的情况下，同居并有了三个非婚子女。上流社会对偷鸡摸狗的勾当熟视无睹，却无法容忍真诚的爱情，对他们群起而攻之，社交的大门也相继关闭。双方在长达十四年的同居生活中都承受了巨大的压力，但舆论压力更多地落在了女方这一边，直至杰尼西耶娃饱经折磨患病去世（杰尼西耶娃去世时仅有38岁）。丘特切夫无力保护他深爱的杰尼西耶娃，只能无奈地看着心爱的女子死去。富有反思精神的诗人，对恋人所遭受的折磨和苦难感同身受，并能够站在女性的立场，深刻剖析自己的感情，对爱情肇事的一方（也就是诗人自己）进行了严厉公正的谴责和道德审判。

而在库兹涅佐夫所生活的时代和社会，国际女性主义运动兴起已经有一个世纪左右，女性的境遇有了很大改善，男女平等的意识也广为人知。尽管如此，女性在爱情中的不幸处境和命运还是没有得到根本改变。女性虽然遇到了自己的意中人，甚至还是爱情的发起者，但相较于男性，她驯顺而柔弱，只能被动地承受爱情风暴的冲击，最终是身心饱经沧桑。《你在炽热的夏天》显示了库兹涅佐夫对爱情关系中受难女性的矛盾态度。一方面，库兹涅佐夫从男性立场出发，似乎不赞成爱情关系中女性的积极主动，认为这样的行为太鲁莽。另一方面，诗人虽然不具有像丘特切夫那样反思的精神，但在客观揭示爱情中男性的破坏性力量时，依然流露出了对女性不

① 丘特切夫著，朱宪生译:《丘特切夫诗全集》，漓江出版社1998年版，第265—266页。

幸命运的同情。库兹涅佐夫在《家庭的背叛与你有何相干?》一诗中还进一步揭示出爱情关系中男性的强势地位。“他是激流，他摧折大山，不惧怕飞来的石头。他捂住它们叫喊的口，他冲蚀它们粗糙的脸。”[1]这里，他把男性比作强劲的山涧激流，而女性是被水流磨蚀的石头，并用“捂住”和“冲蚀”两个动词凸显出男女双方并不平等的关系。

这样，库兹涅佐夫明显发展了丘特切夫爱情组诗“爱情—搏斗”的主题：“爱情啊爱情——据说，那是心心相连——是它们的统一、融合，既是注定的生死与共，又是注定的生死搏斗。”(《定数》)[2]如果说，古典诗人丘特切夫的“爱情—搏斗”主题揭示了爱情的辩证法，爱情中既有和谐与融合，又有对抗和搏斗，既有统一，又有对立。那么，当代诗人库兹涅佐夫“爱情—搏斗”主题则强调男性优势、强力和破坏性的因素，反映出爱情关系中男女力量悬殊、地位不平等的状况。

## 三、爱情悲剧——致命的爱情

库兹涅佐夫笔下的爱情不仅是破坏性的，而且是致命的。在《蝴蝶和星星》中，库兹涅佐夫写道：“他躺着，沉重懒怠，他不会察觉生命的流淌。假如心被牵绊，蝴蝶就会不顾一切地扑上。蝴蝶朝着烛光飞翔，全都陷入了迷狂。烛油流淌，蝴蝶扑腾着火的翅膀

① В.В.Агеносов, История русской литературы XX века Часть2, М.: Юрайт, 2013, с. 615.

② 丘特切夫著,朱宪生译:《丘特切夫诗全集》,漓江出版社 1998 年版,第 285 页。

……你说，‘我飞向烛火，它就是星光。’……他躺着，沉重懒怠，死神来了他也不被触犯。他点火取暖，对你的死他不会看见。”[①]诗歌里的男子懒惰冷漠，但女子不顾一切地迷恋上了他，这样的爱情无异于飞蛾扑火。对女性而言，单方面的爱情就具有了“自取灭亡”（女性的主动）和“他杀”（男性的冷漠）的意味。

致命的爱情既出现在单恋的爱情关系上，也出现在温柔互动的爱情关系中。在诗歌《男人和女人》中，库兹涅佐夫抒写了一位朴实温顺女子的不幸爱情。“没有精美的披巾，没有精致的五官，她活在这世间。心灵如此朴实。好像是着了强风，她流着泪……她遇到了一个男人——你！‘不哭！’她对你很温顺。你们站立：你擦拭着她的泪，一直，她都依偎在你的臂弯，如此温柔的擦拭……哦，但愿是把眼泪从脸上拭去！你如此执着的擦拭，都拭去了——唯剩空空飘荡的裙子。你想爱抚爱人的脸——而手臂却在空中滑移。”[②]即便爱人对女子温柔体贴，但他的爱情也还是一个柔情蜜意却让她万劫不复的深渊，她最终消失不见了。

诗歌的情境初看似乎是不可思议的，具有神秘色彩：相恋的男女，小鸟依人的柔顺女子，钟情男子温柔的擦拭，初衷只是想把意中女子的眼泪从脸上抹去，不料却让她整个人彻底消失了。其实诗歌从深层次上揭示了爱情中不平等的男女关系和女性的可悲命运，男性对女性的温柔以女性的温顺为条件，男性的温柔和好意最终让



① Кирилл Анкудинов, Золотая стрела Аполлона [EB/OL]. [2019-01-02]. http://thelib.ru/books/yuriy_polikarpovich_kuznecov/stihotvoreniya-read.html.

② Т.К.Савченко, Современная русская литература Поэзия, М.: Государственный институт русского языка им. А.С.Пушкина, 2005, с. 227.

女性丧失了个性。

类似的主题在丘特切夫的爱情诗中出现过。爱情之于丘特切夫，如同自杀，因为诗人本应安享平静的老年却承受了来自原有家庭和社会的巨大压力："孪生子啊——自杀和爱情！"（《孪生子》）[①]同时又给自己的心上人造成深重的苦难，导致了她的早逝，这也是一出男性杀害心爱女性的惨剧，"他是在残忍地杀害我"，"我能够呼吸，但我却不能够活"。（《不要说他还像从前那样爱我》）[②]

在丘特切夫所生活的时代和社会，女性没有选择爱情的权利，其爱情婚姻的模式是包办式的，其结局往往是悲剧性的，所以杰尼西耶娃的悲剧从与恋人相识的那一刻起就已经注定，致命的爱情具有必然性。而在20世纪国际妇女运动蓬勃展开的背景下，女性也没能根本改变自己的弱势地位，女性的主动和温顺未能扭转爱情的致命结局，库兹涅佐夫爱情诗所揭示的男女关系的实质、女性不幸的命运让人惊心动魄。

## 四、爱情悲剧——受伤的男性

爱情—搏斗不可避免，虽然女性在这场搏斗中受到的伤害是致命的，然而爱情所带来的伤害并非只殃及女性。

感伤于杰尼西耶娃英年早逝，丘特切夫孤独而忧愁，他那曾经火热的心灵趋于死寂，面对涅瓦河，他神志恍惚，竟产生了恍如隔

① 丘特切夫著，朱宪生译：《丘特切夫诗全集》，漓江出版社1998年版，第284页。
② 丘特切夫著，朱宪生译：《丘特切夫诗全集》，漓江出版社1998年版，第286页。

世的感觉，仿佛只是在前世活着的时候曾一同与爱人在此远眺："我又站在涅瓦河上，如同在以往的岁月里，好像依旧是一个活人，凝视着昏昏欲睡的河水……这一切是我梦中所见，还是真的看到的景象？明月依旧，我和你原先可曾在一起这样眺望？"（《我又站在涅瓦河上》）[①]

在诗中，丘特切夫侧重于用抒情的笔触表现自己精神的痛楚，而库兹涅佐夫则通过散文化的内心独白和对话再现出爱情带给男性的重创："我记得怎样返回家，尘暴飞扬。'儿子，你和什么样的人结了婚？''鬼知道什么样！'我们也曾经心有灵犀，琴瑟和鸣。'儿子，这一切到哪里去了？''鬼知道去了哪里！'我日日夜夜狂暴恣肆，一贫如洗。'儿子，你笑什么？''鬼知道笑啥子！'"（《我记得这样返回家》）[②]受伤的儿子回忆起他曾经拥有的幸福，后来爱情失去了原有的和谐，他也变得狂暴恣肆，物质上陷入了困顿。返家后面对母亲的询问，他竟懒得搭理，唯有苦笑。

这样，丘特切夫、库兹涅佐夫两位诗人的爱情诗都强调了爱情毁灭性的力量，力透纸背地揭示出了爱情悲剧性的本质及爱情中无情的辩证法则——相爱相杀，但各具特点。丘特切夫的爱情诗个人色彩浓厚，而库兹涅佐夫的爱情诗更具有普遍性和现代意识；丘特切夫的爱情诗渗透着深刻的反思精神，库兹涅佐夫的诗歌男性立场鲜明；丘特切夫的爱情诗表现出他对爱人的深厚情义，库兹涅佐夫的诗歌凸显男女不平等的爱情关系。丘特切夫"最后的爱情"给杰

① 丘特切夫著，朱宪生译：《丘特切夫诗全集》，漓江出版社1998年版，第450页。

② Т.К.Савченко, Современная русская литература Поэзия, М.: Государственный институт русского языка им. А.С.Пушкина, 2005, с. 232–233.

尼西耶娃带来了既幸福又不幸的命运，让她用生命为爱情建立了功勋，让她陷入世俗流言蜚语的罗网，让她在与命运无望的斗争中饱受折磨，最终英年早逝，这一切都与诗人个人特殊的爱情经历和他所生活的上流社会的陈规陋俗相关。库兹涅佐夫爱情诗则表明，社会和文明的发展并没有为爱情带来福祉，男性的冷漠强势、男女在爱情关系上的不平等造成了女性悲惨的命运。

俄罗斯评论家瓦季姆·科任诺夫认为，对相当一部分读者而言，他们通过阅读文选课本形成了对传统爱情诗"温情"的印象，于是库兹涅佐夫的"狰狞"的爱情诗就显得不可接受，被指责为"脱离古典诗歌传统"。[①]实际上，我们从俄罗斯古典诗歌传统的背景中看到，库兹涅佐夫的爱情诗在俄罗斯诗坛并非一枝独秀，他抒写"致命的爱情"的爱情诗，与丘特切夫的诗歌传统血脉相连。与丘特切夫后期的爱情诗一样，他突出了爱情的悲剧性因素，以苦涩忧伤又略带讽刺的笔触，揭示了爱情中残酷悲剧的一面。不同的是，相比丘特切夫浸染了个体生命体验，具有反思色彩、哲理意蕴以及富于崇高牺牲精神的爱情诗，库兹涅佐夫的爱情诗则凸显男性立场，强调男女关系中男性强势、男女事实上的不平等，带有相当浓厚的现代色彩，更具有普适性和生活气息。

综上所述，"致命的爱情"主题在俄罗斯诗歌中的延续，一方面表明了丘特切夫爱情抒情诗深厚的魅力和传统的强大力量，另一方面当代诗人库兹涅佐夫在这个领域所进行的探索，也因诗人揭示和

---

① Т.К.Савченко, Современная русская литература Поэзия, М.: Государственный институт русского языка им. А.С.Пушкина, 2005, с. 256.

渲染的生活和时代真相而具有自己的特色。正如科任诺夫所指出的：“……爱情决斗的尖锐性在他的诗歌中达到了极限……尤里·库兹涅佐夫的爱情诗在俄罗斯诗歌史上占有自己的一席之地。”[1]



① Т.К.Савченко, Современная русская литература Поэзия, М.: Государственный институт русского языка им. А.С.Пушкина, 2005, с. 257.

# 索尔仁尼琴文学创作中的苦难救赎方式研究

◇王　新

**内容提要**：苦难历来是文学的传统母题，在俄罗斯文学史上苦难一直备受关注，似乎每一位俄罗斯作家都对苦难做出了自己的思考。索尔仁尼琴作为20世纪俄国著名的经典作家，继承和发展了俄罗斯文学的创作传统，对苦难进行了自己独到的思考和解读。本文旨在对索尔仁尼琴笔下主人公战胜和超越苦难的方式做探索式归纳和阐释。

**关键词**：苦难　超越　救赎　爱与信仰

王新，安徽师范大学外国语学院讲师，主要研究方向：俄罗斯文学、宗教哲学。

俄罗斯人民的宗教信仰和充满苦难的民族历史决定了俄国文学与苦难主题的不可分离。“俄罗斯文学问题面向受苦受难者”[①]，而诺贝尔文学奖获奖作家索尔仁尼琴的创作更是充满了浓厚的苦难意识。索尔仁尼琴的作品中主人公因集权专制语境下个体自由、个体尊严的丧失和个体意识的被消解，人类无法超越的自然

① 叶夫多基莫夫著，杨德友译：《俄罗斯思想中的基督》，学林出版社1999年版，第32页。

规律，人性中的残忍、自私、贪婪的欲望等承受着各种苦难。然而描述个体的受难史绝不是索尔仁尼琴写作的真正意图，潜入深沉的人生底蕴，探索战胜苦难的路径才是索尔仁尼琴苦难命题的应有之义。

## 一、回归道德与人性——挣脱精神苦难

《第一圈》中的英诺肯基是外交部的二级专员，父亲是国内战争的著名“英雄”（任意掠取人性命的“英雄”），妻子漂亮，是检察官的女儿。英诺肯基过着优越的物质生活，他和妻子的人生观是在有限的生命中及时享乐。他们生活的主要内容是旅行和度假，且每到一处都是住在设施完备的别墅或公寓；他们的理想是人能有的，他们都要有；他们对生活抱有的观点是尝遍上等的好酒，穿遍新潮的衣服，看遍滨海圣地……总之，他们的生活观是完全停留在物质水平上的，和精神世界无关。他们在自己享乐的同时对战场上的生死离别，被埋在城市废墟下的悲惨的呻吟，失去理智的成年人从儿童手中抢走圣饼一样小的丁点的面包无动于衷，他们对人世间的种种苦难和不幸漠然视之。

然而，在婚后的第六年，英诺肯基开始对这样的生活产生厌倦，对曾经的好友也产生了莫名的厌恶感，感觉他们粗鲁、愚蠢、自私自利。甚至对妻子也是如此，他开始意识到妻子的贪婪和物质上的极度奢侈。这一切的变化都源于英诺肯基的心理变化——他感到自己拥有一切，却又缺少点什么——他意识到自己现有生活的虚无和

无意义。

一个偶然的机会翻阅亡母的书信和日记是英诺肯基从这种生命的无意识中惊醒的导火索。英诺肯基从未了解过自己的母亲，对她的过世也是漠然的。母亲的日记使得英诺肯基了解到母亲一生的悲苦、忧郁和愁伤。母亲孱弱的影子和悲苦的一生唤醒了儿子的怜悯和良善之心。母亲的“伦理随笔”使英诺肯基意识到一直以来自己从学校和生活里所受到的教育，如“怜悯心是一种可耻而屈辱的感情”“当认为自己正确时人可以不尊重他人”都是错误的。英诺肯基从母亲的遗物里找到了生活中“所缺少的东西”。

而他对人的思想性的认识则是受乡下舅舅的启发。英诺肯基的舅舅是一个物质上清贫的，思想上极其丰富的人，他正直，诚恳、平实，反对虚伪浮夸。他虽然贫穷，却问心无愧，虽然生活在社会的最底层，却活得比谁都更有尊严。英诺肯基的道德意识被舅舅这样一个具有强烈的个人思想意识的人唤醒了，最后他冒着巨大危险给被陷害的家庭医生打了警告电话，也因这一“叛国行为”被捕。英诺肯基的这一行为是对父亲所犯下的罪恶的洗刷，也是对自己的救赎——对自己生命意义的救赎，对自己人性道德的救赎。英诺肯基经过一系列屈辱的检查后被投入劳改营（期限是永久）。事业、正常生活的终结是在他打警告电话前就预想到的后果，也是他的选择，以此战胜和超越生命虚无的困境。英诺肯基走向肉体的苦难地——劳改营，完成的却是精神世界的脱胎换骨式的转变。他抛却了金钱、美酒和荣耀，却找回了心中的正义；经历了恐惧，失去了肉身的自由，却在伊壁鸠鲁哲学的指引下走向了精神的自由。在忍受着针刺的疼痛，将制服的衬里缝制好的过程中，英诺肯基体会到了内心的平和与宁静，种种洗礼使他的人性慢慢变得丰满和完整，也使他更接近善恶的最高准则——人们内在的快乐和不快乐。肉体走向地狱，而精神走向复活，所以英诺肯基用一种向死而生的方式完成了对自己精神苦难的救赎。

## 二、用爱与信仰超越人生苦难

《玛特辽娜的家》中的主人公玛特辽娜是一位将近六旬的孤苦无依的老妇人，一生中遭受了无数苦难：年轻时丈夫奔赴前线后杳无音讯，生育的六个孩子全部夭折，领养的女儿吉拉婚后几乎不再回家，家中除了一只山羊、一只跛脚猫、老鼠和蟑螂别无他物。她因体弱多病被集体农庄除名，且没有拿到抚恤金、退休金。她常常受疾病的折磨，无人照顾，一连几天不吃不喝孤独地躺在床上。这一孱弱的老妇人身上仿佛聚集了生命中各种形式的困难。然而，玛特辽娜温良、顺服地默默承受了这所有的一切，并始终葆有温和平静、纯净朴实、沉默坚韧、忘我助他的传统道德精神。每次发病她一连几天不吃不喝，隐忍地承受疾病的痛苦折磨，不抱怨、不呻吟，甚至一动不动。尽管别人对自己尽是冷漠和欺凌，她也仍然一成不变地葆有着对他人的爱、宽恕和悲悯。虽然被集体农庄除名，但在农庄主席的老婆因人手不够"严厉而生硬"地来找玛特辽娜时，她还是会拖着带病的身体去帮忙。从来不帮她收土豆的邻居来请她帮忙时，她不仅不拒绝，还因为人家土豆长得好而"挖得起劲"。即使在人性道德异化的环境下，玛特辽娜也仍然坚守着自己人性本真的善。

虽然，玛特辽娜无欲无求，但是她没办法阻止别人在物欲深渊中的迷失和陷落。文中与玛特辽娜完全对立的人物是法杰依（吉拉的生父，玛特辽娜的初恋和大伯子）。他完全是一个站在精神荒漠中的“魔鬼”形象，贪得无厌，自私自利，毫无道德和怜悯之心。他为了获取保住一块地皮的盖房子的木料，硬生生拆掉了玛特辽娜住了四十年，将其视为生命的正房。在运送木料的途中玛特辽娜和他的儿子惨死。法杰依愁苦万分，但不是为自己因趋利害死的亲人，而是思虑怎样使正房的木料免于被火烧掉、免于被他人算计。事后他弯腰求人，拄着拐杖四处张罗奔波，不为安葬死者，而为拉回木材。在这一可怕的魔鬼心里，夺回木材，榨取玛特辽娜的最后一点遗产，哪怕是板棚和栅栏的木板，也远比悼念死者更为重要。可怕的是，法杰依式的人并非绝无仅有。参加葬礼的亲友名为吊唁，实为分得遗产。为了少得可怜的财产，相关利益者们争执不休，完全没有失亲之伤。若非留存的一点遗产，玛特辽娜在他们的生命中毫无意义。

众亲友葬礼上的麻木不仁折射了整个村庄精神、道德的陷落，人们被物质的洪流侵蚀，任腐朽的肉体肆意行恶。玛特辽娜的死表面上是善恶交锋“善”的失利，但“世上有两个谜：生不知，死不晓”[①]。很显然，在索尔仁尼琴的叙述话语中死亡和毁灭并不意味着终结。玛特辽娜恰是以死亡唤醒人们尚未泯灭的悲悯之心，启示周围的人对生

① 索尔仁尼琴著，斯人，等译：《伊凡·杰尼索维奇的一天》，人民文学出版社1973年版，第146页。

命价值和意义进行重新思考，使整个村庄人的精神道德得以复归。

## 三、用写作的信念和责任战胜时代苦难

《古拉格群岛》中的叙述者“我”完全就是作家索尔仁尼琴在艺术世界中的写照。“我”因为莫须有的政治罪名被捕入狱，在经受了艰难的八年监狱生活后被流放。当“我”深陷生活苦难的泥潭，每天看着人们作恶，看着人们在痛苦的焦灼中挣扎，“我”开始拿起手中的笔进行写作。

写作使“我”从肉体的不自由，被践踏，凌辱和折磨的巨大痛苦中解脱出来，走向了一种广阔的精神自由。“作诗给我以极高的奖赏，它使我不大留心人们怎样对待我的躯体了。有时候，走在垂头丧气的囚犯行列中，在冲锋枪手的吆喝声下，我会感觉到新的诗句和形象涌上脑海，我仿佛在行列的上空飞翔；我盼望着：快点，快点到达施工地点吧，我好找个角落把这几句诗记下来。每逢这种时刻，我感到既自由，又幸福。”[①]“萨特有句名言‘人是自身行为的结果’，认为人只有通过他自己的超越自我和超越境况的行为，才有可能给自己带来某种意义。”[②]此时的“我”就借助写作超越了苦难。搜查，点名，报数，铁丝网，这一切的一切对“我”来说已经形同虚设。外界的纷扰和烦乱已经被彻彻底底地排斥在“我”的精神世界之外。写作成为一种将劳改营的痛苦和磨难化为乌有的手段，一



① 索尔仁尼琴著，田大畏等译：《古拉格群岛》(下)，群众出版社2006年版，第119页。

② 卢军著：《拯救与超越》，齐鲁书社2007年版，第206页。

种将监狱里难捱的漫长时间分解掉的工具。在写作的欣喜和慰藉中，苦难变成了生活的一种形式，而不再是生命的主要内容。在写作中，苦难对人身体和精神的束缚和钳制已不再具有效力。“我”以写作的方式将自己从苦难的洪流中拯救出来。写作作为一种拯救手段，对于被劳改营践踏和扼杀了的人的尊严，对于存在和存在意义的证明又何尝不是呢？正如法国哲学家萨特所说：“写作既是揭示世界又是把世界当做任务提供给读者的豪情。写作是求助于别人的意识以便使自己被承认为对于存在的整体而言是主要的；写作就是通过其他人为媒介而体验这一主要性。”[①]

当写作从对自己的救赎衍生到对他人的救赎，写作就更成为一种信念。否则“我”怎能将几十万字存贮在记忆里，怎能冒着生命的危险笔耕不辍。就像是文中的“我”在瓦尔拉姆·沙拉莫夫的第一本诗集中读到的：

我自己知道：这不是游戏，
这意味着死亡——枪毙。
但是，像阿基米德一样，
即使为了获得生命，
我也绝不放下这支笔！
这张已经展开的纸，
我绝不把它柔弃！[②]

① 萨特著，施康强，等译：《萨特文学论文集》，安徽文艺出版社1998年版，第112页。
② 索尔仁尼琴著，田大畏，等译：《古拉格群岛》（下），群众出版社2006年版，第126页。

而信念的背后更是一种责任，在黑暗和孤独中背负着的沉重的责任，揭示世界和把世界当作任务提供给读者的责任：

那长长的一排坟墓
是我所记忆的全部。
我本应也赤身露体躺进泥土，
但我曾发誓；要把我的歌儿唱完，
要走完自己的路，
不吐出最后一个字，
绝不停止哭诉；
仿佛在我这死人的生活里
也还有过什么最初……[①]

就像是作者本人对自己患肿瘤后却奇迹生还的感想："我得的是严重的恶性肿瘤，耽误了诊治，根本没有希望。没有死掉这是上帝创造的奇迹。归还给我的生命，从这时起在完全意义上说已经不是我的生命了。它被注入了新的宗旨。"[②]虽然自己超脱了苦难，但是作为亲身经历者，作为目睹者中的幸存者，自己被赋予了不可推卸的责任——通过文学创作的形式将历史展现给世人。无论是文中的"我"还是现实生活中的索尔仁尼琴，他们都在以文字作为手段对生活进行拷问、向苦难索要着存在的意义。在他们探索和追求个体生命完整的同时，转化为文字的痛苦和磨难也被赋予了一种强大的精

① 索尔仁尼琴著，田大畏，等译：《古拉格群岛》(下)，群众出版社2006年版，第126—127页。
② 索尔仁尼琴著，陈淑贤，等译：《牛犊顶橡树》，群众出版社1999年版，第6页。

神力量，而这种精神力量具有超越时代和空间限制的属性，更具有审视、反思、深入事情本质和人内心的特质。

万物皆有其存在的价值和意义，生活中充斥着的苦难亦然。索尔仁尼琴笔下的主人公在承受和超越生命苦痛的同时，更向其追问和索要着生命的要义，追求着个体生命的完整。他们在苦难面前反思与自省，甚至对人与人类命运的命题进行哲思，在苦难的废墟上构筑了爱和信仰的精神堡垒，从而使自己的生命坚不可摧。苦难，正如索尔仁尼琴本人所说，是一种精神恩赐。对生活中各种痛苦、磨难坚忍地承受使索尔仁尼琴笔下的诸多主人公走向了精神的丰富和形而上学。作者在探索苦难救赎路径的同时，其实也对苦难的意义进行了解读和阐释。

“马塞尔·普鲁斯特在《重获的韶光》一书中说道：我从来不能在现实之中找到深层的我。”[①]而索尔仁尼琴在苦难的世界中不仅找到了深层的“我”，而且找到了深层的人性，并启示苦难是由透着深刻的生活悲剧性的此岸走向彼岸宁静、和谐世界的桥梁。其创作的字里行间宣扬的是一种用“爱”超越苦难的理念。是否能配得起和怎样才能配得起自己所承受的苦难，我想，这也是索尔仁尼琴作品的一个重要隐性命题，值得我们每个人去思酌。是带着真善美的博爱去超越苦难，超越命运，超越俗世，还是将苦难给我们的宝贵恩赐——向善情怀抛却，像迷途的羔羊一样坠落，这是索尔仁尼琴文字中要传递的一个重要生命启示。

---

① 别尔嘉耶夫著，汪剑锋译：《自我认知》，上海人民出版社2007年版，前言第6页。

# 维·阿斯塔菲耶夫的生态小说解析

◇杨素梅

**内容提要：**维克多·彼得罗维奇·阿斯塔菲耶夫是俄罗斯当代最具特色的文学巨匠。在其生态小说中，维·阿斯塔菲耶夫深层次、多角度地思考了人与自然的关系问题。人性审判的主题贯穿于他的一系列生态小说中。他从人性、伦理道德方面表现了人与自然关系的新关系、新内涵。维·阿斯塔菲耶夫呼吁，人们要善待大自然，不要丧失作为人的人性一面。如果失去了人性，人类不但要受到大自然的审判，最终也会导致自我毁灭。

**关键词：**生态小说　自然　审判　人性

## 一

在维·阿斯塔菲耶夫[①]的生态小说中，最具代表性的是由12篇小说构成的小说集《鱼王》，这是维·阿斯塔菲耶夫比较宏大的以保

① 维克多·彼得罗维奇·阿斯塔菲耶夫(1924—2001)，是俄罗斯当代最具特色的文学巨匠。在他的身上凝聚了浓郁的乡土风格，体现出对大自然的关怀和体贴。在《鱼王》《愿世人慈悲为怀》《忧伤》《小尾巴》等一系列生态小说中，他以一位艺术家的眼光和高度的责任心思考了生态、自然、人性的关系问题。人性审判的主题贯穿于他的一系列生态小说中。

护自然为主题的最典型作品，也是最具维·阿斯塔菲耶夫特色的作品。作者将小说中的人物完全置于大自然之中，通过人与自然的关系，探讨了善恶问题，以一个艺术家的眼光洞察到了人与自然之间那种不可分割、相互联系、相互影响、相互渗透的东西。作者运用象征、寓意等多种假定性艺术手段，通过“自然人”与“反自然人”的对照，表达了抑恶扬善的哲理主旨。

作者在《鱼王》的篇首引用诗人尼卡拉伊·卢勃卓夫的话：

> 经过深深的思索，
> 我也沉默了，
> 用习以为常的眼光，
> 洞察生活中不祥的日子和故乡慌乱不安的景象。①

而实际上，维·阿斯塔菲耶夫用的恰恰并非习以为常的眼光。当大量的文学作品赞扬机声隆隆的工地，歌颂压倒一切的社会建设成就的时候，维·阿斯塔菲耶夫担忧的是自然资源的破坏、生态平衡的失调，人的物欲不断膨胀，人性的变异。大自然，在人们的眼里不再是“我”的最爱，而是掠夺的对象，与此相应的是人性的丧失。在作者看来，人的道德堕落、人性的丧失与其对大自然的践踏是成正相关的。一切践踏大自然的恶行必然要导致人的堕落，他的良心就会受到审判。

《鱼王》以神秘的西伯利亚泰加林为背景，在描写森林、河流、动

① 维·阿斯塔菲耶夫著：《鱼王》，《小说报》1977年第5期，第3页。原文为俄文，由笔者翻译，下同。

物等自然的同时，作者更多讲述了丧失人性的偷猎者和偷伐者是怎样摧残大自然，怎样受到自然的惩罚，怎样受到人性上的审判的。作者从道德、人性的高度来透视人与自然的关系，他告诫人们：无理性的人在摧毁大自然时，也在道德上摧毁自己。作者把保护大自然当作保护人自身和人性来看待，爱护大自然的人是有人性的人，是道德高尚的人。在作者看来，河流、森林、果园、天空、田野、高山、飞禽等一切有生命的东西都是主人公处世态度和性格构成的必要成分。在与自然的交往中，在自己生命的体验中，人可以分为两类：一类是崇尚大自然，视大自然为母亲，对其给予保护和关爱；另一类人践踏生命，视大自然为索取的对象，肆意破坏和掠夺大自然。在《鱼王》中作者以对比的手法塑造了这两类人以及他们不同的命运和遭遇。

在小说《鲍耶》中，作者讲述了名叫鲍耶的莱卡狗：它看上去落落大方，它的美和智慧全在它那双富有色彩的、聪敏安详而总带着一点疑问的眼睛里。它爱主人，尽管主人除了爱自己，并未曾爱过谁。然而大自然赋予狗这样一种禀性：人的忠实朋友和助手。然而，就是这样一条生下来就是为了要和人类共同劳动、一起生活的忠实的狗，最终也没有明白人们为什么要打死它。它临死时嘶哑地呻吟、悲痛地叹气好像是在可怜谁，或者责怪谁。作者以拟人化的手法，赋予动物以人的性格特征。鲍耶的死、鲍耶的爱让主人柯利亚难以忘怀。危难时刻，柯利亚在幻觉中常常看到鲍耶，这时对他来说，鲍耶的爱心和忠诚比什么都珍贵。鲍耶是大自然的象征，大自然无私的爱和奉献哺育着我们，也教导着我们。

阿基姆是作者塑造的自然之子的典型形象。阿基姆在大自然的怀抱中长大，他是作者笔下善良的化身。在鲍加尼达村，鱼是人们的天然食粮。阿基姆和他的弟弟、妹妹就是靠大自然的这种恩赐，喝鱼汤长大的，是自然哺育了他们。阿基姆热爱大自然，具有纯朴、善良、乐于助人的美好品质，坚韧、勇敢的性格特质。阿基姆冒着生命危险，历尽艰辛挽救素不相识的城市姑娘艾丽雅。阿基姆在生活中感悟的原则是：把任何人，任何在原始森林里萍水相逢的人都看成自己人，把任何生命都看成与自己不可分的一部分。他代表着人世间一切有生之物，他的爱能包容一切，无穷无尽。《鱼王》里的伊格纳齐依奇最终受到了作为大自然化身的“鱼王”的报复和惩罚。当伊格纳齐依奇看到鱼王时，他不相信爷爷给他讲的关于鱼王的传说，一心想捕到它，最后差点丧命。在阿斯塔菲耶夫的笔下，大自然会对善恶作出正确的判断，恶人必定会遭到大自然的惩罚：蔑视自然力量的戈加摔死在河滩上；在禁渔区横行的柯曼多尔失去了心爱的女儿；偷鱼老手莫里金死于螺旋桨下。有的偷鱼者不但遭受了肉体上的打击，而且在精神上遭到了毁灭：达姆卡、格罗霍塔洛等成了丧失人性、贪婪的堕落者。鱼王是大自然的化身，具有神奇的威力，是人们的保护神。人类生活在自然的怀抱中，在与自然的交往中，会体验到生命和自然的价值。生态危机与生态学的发展使人们认识到，人类与其生存的环境是一个有机的整体，其中任一环节的缺失或破坏，都将危及人类自身。

## 二

作家萨雷金在《鱼王》的前言中这样评论说：“《鱼王》是阿斯

塔菲耶夫一部最具有阿斯塔菲耶夫特点的新作。这部新作最能体现阿斯塔菲耶夫的才能：以一个艺术家的眼光看待世界。人与自然看起来没有什么不可分的，而实际上，人与自然一直是互相作用、互相影响、互相渗透的。一个人对周围环境的态度——这正是人的本身，这是一个人的性格，一个人的精神和哲学。河流、森林、果园、天空、土壤、野兽、鱼，以及各种各样的生物——所有这一切必定形成阿斯塔菲耶夫主人公的性格和他们的处世态度，这些决定了主人公对人的态度。”[①]阿斯塔菲耶夫以人与自然关系的冲突和矛盾为描写对象，探讨了人性审判的主题。他以对自然的态度来衡量其主人公的精神道德，人的性格、品质和特性在与大自然的交往中以各种各样的形式表现出来。

对自然的态度是区分善恶的标准。在小说中，作者描绘了一幅人类疯狂掠夺、蹂躏大自然的触目惊心的悲剧画面：大河中遍布偷鱼的排钩，随处可见被风干的野禽，等等。在《黑羽翻飞》中，作者痛心地描绘了一幅在楚什镇池塘周围雷鸟被大量捕杀后堆积起来的黑色羽毛“像是送葬的花圈”随风四起的悲凉的画面。这里偷鱼捕鸟成风，偷猎也成风。人们对池塘里的生命肆意地虐杀。人们闯进原始森林，犹如强盗，见什么打什么。天鹅、大雁、黑貂、松鼠、鲜卑鼬、驼鹿……全都成了他们灭杀的目标。原先雷鸟成群，见了人都不怕，而如今仅剩下了雷鸟的残羽，再也听不见雷鸟的叫声。在对大自然的恣意掠夺中，作者看到了爱的丧失，人性的堕落。人在破坏自然的同时其心理也发生了变化，人毁坏自然，首先是人性的丧失。对自然的恶行

① 维·阿斯塔菲耶夫著：《鱼王》，《小说报》1977年第5期，第3页。

来源于人性的丧失，而这种恶会遭到大自然的报复。比如，柯曼多尔虽然逃脱了渔场稽查员的追捕，却逃脱不了女儿的死对其心灵的惩罚；伊格纳齐依奇受到了作为大自然化身的“鱼王”的报复，而盖尔采夫受到的惩罚则更严厉。阿基姆爱自然，他的善心拯救了濒临死亡的艾丽雅。盖尔采夫恨自然，他的狠毒使他成了糟踏女性的恶魔。掠夺自然，必遭自然的惩罚。这种惩罚一方面是自然本身对恶的惩罚；另一方面则是由于人的道德的缺失，在给大自然带来悲剧的同时，也使自己遭到了毁灭。在阿斯塔菲耶夫的生态小说中，我们会看到，原先一群群鲟鱼在河里自由游荡，如今鲟鱼几近绝迹，受伤恼怒的鱼王把伊格纳齐依奇拖进水里，使他遭受痛苦的命运；可爱的雷鸟远飞他乡，使这儿的生态失去平衡。而人呢？保护自然实际上也是保护人们的心灵，保护人之所以为人的人性的东西。人们改造自然，驾驭自然，征服自然，然而在获取的同时，却在丧失伦理准则，同时也丧失人类赖以生存的清新的空气、洁净的饮水、天然的美味、奇异的景观、野外的乐趣、宁静的环境……甚至美好的感情。作者斥责地问道：“到何年何月我们在向自然索取的同时，也学会给予自然些什么？到何年何月我们才能学会像操持有方的当家人那样，管好自己的家业？”①

一幕幕人与自然的悲剧让作者痛心。丧失人性的莫斯科浮浪子弟从莫斯科大学植物园里捉了一只羽毛美丽的公野鸭，然后活活地拧掉了它的脑袋。虽然肇事者受到了谴责，但并未引起那些吃天鹅肉、穿天鹅毛的人的醒悟。看到摩登女郎穿戴着用天鹅毛做的服饰，想起芭蕾舞《天鹅之死》，让人不禁流下同情的泪。作者看到钓来的鱼一个个

① 维·阿斯塔菲耶夫著，夏仲翼，等译：《鱼王》，上海译文出版社1982年版，第381页。

死掉被抛弃时，说："它只使我感到内疚，仿佛有人当着我的面摧残童婴或是抢劫老妇人手里用头巾包着的最后几枚戈比"。作者不断在寻思："鱼儿会哭泣吗？谁又能知道呢？它在水里本是湿的，即使哭泣也看不出来，而且它又不会叫喊。要是会叫喊的话，整条叶尼塞河，而且何止是叶尼塞河，所有的河流和大海岂不都要吼声如雷。大自然就是会安排，让天下万物各得其所，有些东西要出声吼叫，有些就无声无息地生老病死。"[①]让人们恼火的是闲荡的游客在这广阔天地里肆意胡为，所到之处就像马麦兵败的一场浩劫：烧毁树木，炸死和毒死鱼，河岸被搞得污七八糟。在楚什镇乌鸦被猎人射杀殆尽，因为根据迷信的说法，把乌鸦的血抹在子弹上就能百发百中。处女般纯洁的冬季森林受到了粗野的骂娘声的玷污，林中处处可闻阵阵喧嚷和叫喊的声音。整个森林弥漫着"伏特加酒味、汽油味、狗膻味、烟叶味、大葱味、陈腐的内脏味"。阿斯塔菲耶夫以他那细腻、敏感的心灵去感受自然所受到的痛苦，表达了作家对自然万物的无比慈爱和对一切生物的恻隐之心，进而谴责那些虐待生灵，不珍爱动物生命的人。他在早期小说集《人的足迹》的序言中就写下了这样的名言："谁拥抱自然，谁的心灵就更善良，更美好，——这就是为什么我在这本书中多处描写自然和帮助自然的原因，我们也肯定会更美丽、更有人性、更有能力。"

## 三

维·阿斯塔菲耶夫善于描写自然，并以自己的想象赋予它灵性。

① 维·阿斯塔菲耶夫著，夏仲翼，等译：《鱼王》，上海译文出版社1982年版，第139页。

但他的着眼点始终是人性，从这个意义上说，他可以说是一位人性化的诗人。批评家科仁诺夫指出，这种对人与自然问题的现代认识不仅在于对自然现象的人性化认识，而且还在于对人的自然基础的肯定，对人与自然的有机的统一的肯定。阿斯塔菲耶夫的创作在本质上体现了自然的人性化及人身上自然性的表现。许多评论家都认为阿斯塔菲耶夫描绘的大自然是诗性的。在他的笔下大自然是睿智的、公正的，但是，人与自然的关系是矛盾统一的。人不能在自然之外生存，同样，自然在某种程度上也需要人的关怀。当然，自然对人们不是无原则的善良，它要求人们具备一定的品质来与自然相适应，对人、对动物都应该怜悯。生物也有心灵，像人一样有心灵的树木和动物都要求以人道的态度对待自己。一个有人性的人应该有理智，有智慧，有良心和爱心。阿斯塔菲耶夫认为，不理智的人在毁坏自然的同时，自己也遭受了人性的审判。

维·阿斯塔菲耶夫在他的短篇小说《小尾巴》《愿世人慈悲为怀》《库济亚卡》等作品中充满了对动物的爱和怜悯之情。男孩把讨食的黄鼠的头塞进罐头盒中只露出它的小尾巴，看到小黄鼠痛苦挣扎、鲜血直流时小男孩哈哈大笑。作者为此感到痛心，为人类有这样的儿子感到可悲可恨。更可恨的是，人类为了自己的健康，怕动物的病传染给人类，而把未患病的鸟、禽也统统杀掉。他只好向“我自己，向我的孩子们，向一切冷漠无情铁石心肠的人祈祷：‘上帝啊，愿世人皆有大慈大悲之心……愿世人慈悲为怀……’”[①]。在作者看来，童年、家庭、劳动和自然的主题是相互融合统一的。人

① 维·阿斯塔菲耶夫著，黎莎译：《愿世人慈悲为怀》，《苏联文学》1992年第2集，第41页。

身上的社会性与自然性、存在的永恒性问题、人的团结问题、人与自然的统一、按自然的法则生活、人对自然的哲学理解以及与自然的天然联系都是“人与自然”问题的方面，是不可分割的。在童年，还没有任何经验、记忆，还没有意识到自我本身，人只是感觉自己与自然生活之间的不可分割的融合一体的联系。阿斯塔菲耶夫在《一滴露珠》中写道：我们自以为是支配着自然界，要它怎么样就怎么样。但是，当你一旦窥见了原始森林的真面目，在它里面呆过并领略过它医治百病的好处以后，这种错觉就会不复存在，那时，你将震撼于它的威力，感受到它的廖廓虚空和伟大。在他看来，热爱自然与热爱人类是一致的。作者把对待自然的态度作为衡量一个人道德水准的标尺。因为，大自然中的一切生命都有其内在价值，都是人类赖以生存和发展的自然界的一个有机组成部分，彼此息息相关。因此，人类必须热爱自然，尊重自然，与自然和谐相处，这样，人类才能持续生存和发展下去。否则，如果我们自以为是万物主宰，可以对自然为所欲为的话，则必然会恶果自食，结果也会像作品中的违法偷猎者伊格纳齐依奇、柯曼多尔等人一样，虽然逃脱了人世间法律的制裁，却逃不过自然的惩罚、自我道德良心的审判。

人类幸福的钥匙在我们自己手上，上升还是堕落，一切都由人类自己作主。自然界在人类的作用下在变化，而我们只有一个地球，它将会永存还是即将毁灭？这不能不引起我们认真的思考。对人性的审判来源于人对生态危机的思考，来源于对人与自然和谐相处的关注，以及对人类长久生存和保护地球的责任感。自古以来，人们习惯于把大地称作母亲，阿斯塔菲耶夫在谈及人与自然的关系时说道："因为人类是大自然的儿子，是儿子，当然就属于自己的地球母亲，须知我们是她的灵魂，她也永远活在我们的心中，没有地球母亲，我们是无法生存的。"[①]



① 维·阿斯塔菲耶夫著:《鱼王》,《小说报》1977年第5期,第122页。

# 附录一　伏尔加河简介

据古文献记载，公元2世纪著名的希腊科学家普托勒密在他的《地理学》中将伏尔加河命名为“拉河”。尽管他居住在距离伏尔加河很远的地方，即非洲沿岸亚历山大市，但是，关于这条大河的故事已传到那里。在中世纪，伏尔加被称为伊蒂尔，即“河”的意思。以此命名的“伊蒂尔城”曾是7—10世纪哈扎尔古王国，又称可萨帝国的首府。关于“伏尔加河”名称的来源有多种版本。其一是，“伏尔加”是从古代马里人所称的“沃尔良多”演变而来，意思为“明亮的”；另一个版本是，伏尔加河名字来自芬兰—乌戈尔语“沃尔加”一词，有“明亮”和“白色”之意；第三个版本是，伏尔加河名字来自“布尔卡”一词，与居住在伏尔加河岸的布加尔人有关。布加尔人是伏尔加鞑靼人的祖先。还有一种说法是，伏尔加河名字起源于捷克语，叫福尔卡河，而波兰语为维利卡河。今日，伏尔加河这一名字最有可能是从古代斯拉夫语演变而来，意为“潮湿之地”。所以伏尔加的名字里含有“水”或“潮湿”之意。也有学者认为，伏尔加河流域面积巨大，“伏尔加”有“大河”之意。

俄罗斯地质学家根据河底沉积物断定，现在的伏尔加河在很长的历史中不止一次变为海洋。大约两千万年前，海洋缓缓向南退去，而遗留成伏尔加河。最初，伏尔加河的源头不在瓦尔代高地，而是在乌拉尔山附近。它似乎削掉自己的拐角后而流向日古利山，之后，流向较现在更靠东方。由于地壳运动，新的丘陵高地和盆地的形成，以及里海海平面剧烈的变化及其他因素导致伏尔加河的流向发生了很大的改变。

伏尔加河沿岸区是俄罗斯欧洲北部、西北、中央、北高加索、伏尔加沿岸、乌拉尔、西伯利亚和远东8个传统地理区域之一，指伏尔加河及其支流流经地域。伏尔加河长度3,530公里，加上巨大的水库区域，为3,690公里。伏尔加河沿岸有4个百万人口大城市：下诺夫哥罗德、喀山、萨马拉和伏尔加格勒。该地区的居民有6,450万人，约占俄罗斯人口的43%。伏尔加河发源于瓦尔代高地，自源头特维尔区的伏尔加韦尔霍夫小村，至支流奥卡河口（下诺夫哥罗德）。其沿岸有特维尔、莫斯科、雅罗斯拉夫尔、科斯特罗姆、伊万诺夫和下诺夫哥罗德6个州。中游是从右岸支流苏拉河到萨马拉河弯南边界，有玛丽-艾尔、楚瓦什、鞑靼尔斯坦、乌里扬诺夫、萨马拉等5个州（共和国）。下游从卡马河口到里海，有萨马拉、伏尔加格勒、阿斯特拉罕、卡梅尔4个州（共和国）。伏尔加河通过运河连接4大海——波罗的海、白海、亚速海、黑海和1个内陆大湖里海。

伏尔加河流域地形多样，植被也多样，河两岸风景怡人。在广阔的北部沙质低地覆盖着松树林，河岸长着高高的宽叶松树，在南部阿斯特拉罕地区则是草原和半沙漠地区。



该流域气候特征为，大部分为温带大陆性气候，南部为亚热带地中海气候。气候特征是：夏天温暖，7月平均温度22°C—25°C，冬天相对较冷，1—2月为-15°C—-10°C，年平均降雨量，北方为500—600毫米，南方为200—300毫米。自然带为混合林（鞑靼斯坦共和国），森林草原带（鞑靼斯坦一部分，萨马拉州、奔萨州、乌里扬诺夫州，萨拉托夫州），草原带（萨拉托夫州一部分地区）。

自然资源在伏尔加河流域不同地区分布不均。伏尔加河划分为两部分：右岸高地和左岸低地。水利资源、农业、石油等主要资源丰富，旅游资源也十分丰富。伏尔加河上游有几大支流。1843年在上游伏尔加湖泊水系中建设了大坝，即上游伏尔加蓄水坝，以调节枯水期航运所需要的水深度。在特维尔和雷兵斯科城之间建设了伊凡诺夫科水库，在杜布诺城修建了水电站。在乌格里奇城修建了乌格里奇水库和水电站，在雷兵斯科城修建了雷兵斯科水库和水电站。在戈洛杰茨附近（下诺夫哥罗德之上）伏尔加河被戈里科夫大坝水电站截流，形成戈里科夫水库。

伏尔加联邦区是个多民族的区域。在该地域居住有俄罗斯人、鞑靼人、乌德穆尔特人、马里人、乌克兰人、哈萨克人、亚美尼亚人、科米-贝尔米人等，以及其他具有民族特征的群体。据2018年统计，该地区共有29,542,696人，其中71.9 %的居民为城市居民。该州主要民族有：19,811,351（66.26 %）俄罗斯人、3,999,568（13.38 %）鞑靼人、1,282,794（4.29 %）巴什基尔人、1,272,790（4.26 %）楚瓦什人、617,050（2.06 %）摩尔多瓦人、497,214（1.66 %）乌德穆尔特人、473,015（1.58 %）马里人、272,385（0.91 %）乌克兰人、221,047（0.74 %）哈萨克人、108,774

(0.36 %) 亚美尼亚人、82,979 (0.28 %) 科米-贝尔米人、80,727 (0.27 %) 阿塞拜疆人、62,560 (0.21 %) 白罗斯人、50,523 (0.17 %) 乌兹别克人、48,211 (0.16 %) 德国人、33,463 (0.11 %) 塔吉克人、28,270 (0.09 %) 茨冈人、20,968 (0.07 %) 犹太人、15,548 (0.05 %) 摩尔多瓦人、13,534 (0.05 %) 格鲁吉亚人、12,215 (0.04 %) 朝鲜人、11,828 (0.04 %) 车臣人等。

伏尔加河流域有丰富的土地资源。肥沃的土壤包括灰化土壤、黑土壤，十分有利于发展农业，70%的土地利于饲料作物的种植，20%适合谷物类作物生长，4%的土壤可以种植蔬菜、瓜果。石油资源丰富。自20世纪中期开采，有150个油田，主要分布于鞑靼斯坦、萨马拉州。伏尔加河的地理位置特征及其近500公里的主要经济轴心线影响了其沿岸的经济活动、城市的分布和功能，及其周围的居民点。该地区四邻为：西部的北高加索、中央黑土区和伏尔加-维亚特区，东部的乌拉尔区和哈萨克斯坦。遍布四周的交通网为这些地区经济的交往活动提供了便利条件。借助丰富的石油资源，该地区建立了大型的石油加工和石油化工工厂，而汽车制造是该地区第二大产业。今天，该地区的经济发展相对于增长较快的中部俄罗斯经济发展的速度出现衰退。这与该地区的工业结构相关，在该地区汽车生产曾占很大的份额，特别是军事工业。1552、1556年喀山汗国、阿斯特拉罕汗国并入俄国。阿斯特拉罕和喀山成为俄国“通向东方的大门”。为了彻底消除突厥人，16世纪末俄国开始在伏尔加河沿岸建立第一批要塞：萨马拉（1586)、察里津（1589)、萨拉托夫（1590)，17世纪又修建西姆比尔斯克（1648)、塞兹兰（1683)

等。俄国虽然征服了伏尔加河沿岸地区，但很长时期内无法控制该地区四周的草原地带。在18世纪时，此地的游牧民族和哥萨克人还基本能够自封固守，不受俄国的控制。该地区开发十分缓慢，这个状况一直持续到20世纪初。该地区长期成为外来人的避难所，西欧的一些居民，如荷兰人和德国人等，因战事、犯罪、内乱、自然灾害等因素，逃难到此地。伏尔加河养育了俄罗斯多个民族，是俄罗斯多个民族成长和发展的家园。

（杨素梅　编译）

# 附录二　第聂伯河简介

第聂伯河（英语：Dnieper；俄语：Днепр）是欧洲的第三条大河，它流经俄罗斯、白俄罗斯和乌克兰3个国家。该河流建造水坝之前，水流的长度为2,289公里。目前，大面积的水库占据河道后，第聂伯河长度为2,201公里。其中，流经俄罗斯的河道为485公里，白俄罗斯的为595公里，乌克兰的为1,121公里。该河流域面积为50.4万平方公里。河口处全年平均流量1,670立方米/秒。第聂伯河流域河网密集，有大、中、小河流31,954条，河流总长度达163,167公里，其中长度为501—1000公里的河流有7条，长度1,000公里以上河流有2条，总长3,331公里。第聂伯河主要在乌克兰境内。其部分在俄罗斯联邦和白俄罗斯的领土上。河床较为窄小，也没有大型水库、水坝和发电厂。

第聂伯河发源于俄罗斯的海拔高220米的瓦尔代高地，注入黑海。此地有众多沼泽，其中一个有小溪成为其源头。该源头位于斯摩棱斯克区的巴恰洛娃村边，距离大自然的纪念碑卡夫里洛夫冰川湖不远。该溪流长达几十公里，通道平均宽度为30米。在白俄罗斯维捷布斯克地区奥尔沙市附近，通道变宽，宽度达到120米。在瓦尔代丘陵地带其他河流开始汇入，其主要支流有杰斯纳河、索日河、普里皮亚季河等。上游有运河同涅曼河、西布格河、西德维纳河相通。第聂伯河河道蜿蜒，反复改变方向，形成弯曲，在乌克兰境内赫尔松西南30公里处注入黑海。

第聂伯河常被划分为上第聂伯河和下第聂伯河，上第聂伯河是从河源至乌克兰境内的基辅，下第聂伯河是从基辅至河口。第聂伯河的上游，即从源头到基辅长度是1,320公里。从基辅到扎波罗热为中游，长度为555公里。从扎波罗热到入海口为下游，长度是326公里。上游为森林覆盖，中游多为森林草原和草原带，下游为草原带。从源头到斯摩棱斯克地区的达罗卡布扎城流经沼泽低地，被桦树、松树和云杉林覆盖。之后到白俄罗斯的什克洛夫城多为山丘。该地域的第聂伯河河道比较狭窄。其部分河谷宽度为0.7—1公里。第聂伯河在第聂伯罗彼得罗夫斯克和扎波罗热之间，最大宽度为12公里。第聂伯河水域总面积504，000平方公里，自北到南绵延1，000多公里，其盆地自西向东宽约600公里。在赫尔松下方，第聂伯河形成三角洲，其中许多溪流注入河口湾。

第聂伯河水利资源十分丰富。20世纪建有克烈缅楚格、第聂伯、卡涅夫、第聂伯罗捷尔任斯克、卡霍夫卡、基辅等6座水电站，总装机容量387.3万千瓦，其中最大的是第聂伯河水电站，位于扎波罗热，修建于1927—1932年，设计容量为558兆瓦，苏联卫国战争时期，在苏联军队撤退时被炸毁，1950年修复。20世纪50—70年代苏联在第聂伯河上修建一系列水电站。1950—1956年修建卡霍夫水电站，1954—1960年修建克列门楚科水电站，1960—1964年修建基辅水电站，1956—1964年修建第聂伯扎尔仁水电站，1963—1975年完成卡涅夫梯形水电站。

第聂伯河流域气候较温暖、湿润，从西北向东南，大陆性气候逐渐显著。降雨量由北向南递减：瓦尔代丘陵和明斯克匠陵区年降水量为762—821毫米，基辅附近为708毫米，扎波罗热以南为454毫米，东南部在300毫米以下。上第聂伯河流域的年降水量为560—610毫米。各支流降水量情况是：别列津纳河为614毫米，索日河为580毫米，背里皮亚季河为576毫米，杰斯纳河为562毫米。

第聂伯河是一条重要的交通干道。自河口上溯可通航1,677公里。多罗哥布日以下可通航1,990公里。结冰期3—4个月。所有水库都有水闸，客运和货运船畅通无阻。船只从河口到达达罗卡布扎城，共1,990公里。通过人工水系，第聂伯河与涅曼河、布格河等连接在一起。第聂伯河在自然条件下，春秋季水位高，冬夏季水位低。第聂伯河上游水源主要为雪水，约为50%，地下水和雨水各25%。年平均流量为53立方米。春季水量增大，达70%的年流量。河口的年平均流量为每秒1,670立方米左右。夏季流量很低，秋季和冬季多为洪水泛滥。上游于12月河水结冰，4月初解冻。中下游于12月底开始封冻，3月初可以通航。第聂伯河的深度从4米到18米不等。在冬季冻结和夏季干旱期间，河床变浅。在融雪和秋雨的时期，河水因自然补给而加深。第聂伯河中有各种不同的水生植物和动物，河中有60多种鱼。

第聂伯河上主要河港有基辅、第聂伯罗彼得罗夫斯克、扎波罗热和赫尔松等，还有几个著名的城市。如斯摩棱斯克地区行政中心斯摩棱斯克市，1955年著名的电影《绿灯》拍摄地日洛宾城，白俄罗斯东部第三大城市莫吉利奥夫。乌克兰首都基辅曾是古基辅罗斯的中心，被称为“俄罗斯城市的母亲”，也位于第聂伯河沿岸。还有第聂伯河沿岸的工业中心第聂伯罗彼得罗夫斯克，工业中心（冶金和重型工程）铁路枢纽和河港扎波罗热，乌克兰南部港和海港赫尔松城等。

第聂伯河也是乌克兰民族的象征和自豪，对乌克兰人民而言具有重要的经济价值。

（杨素梅　编译）